왕초보를 위한 코바늘 인형 레시피

처음 뜨는 손뜨개 인형

이치카와 미유키 지음 | 남궁가윤 옮김 | 김지현 감수

제우미디어

CONTENTS

READY

때굴때굴 병아리 • 6
손뜨개를 시작하기 전에 • 8

START

STEP 1
화가 병아리&알록달록 달걀 • 20
색색 곰돌이 • 28
개구리 삼총사 • 29
귀요미 딸기 • 34
귤&자몽, 체리 • 35
펭귄 형제 • 38
바다 친구들 • 39

STEP 2
사이좋은 야옹이 • 44
숲 속 친구들 • 50
마트료시카 • 58
가지각색 버섯 • 59

STEP 3
먹보 고양이 • 68
토끼 커플 • 70
사과 곰 • 80
쌍둥이 곰 • 81
원숭이 자매 • 86

TIPS

	실로 만드는 원형코 • 10		짧은뜨기 • 11
	사슬뜨기 기초코 • 22		짧은뜨기 2코 늘려뜨기 • 12
	사슬뜨기 • 11		짧은뜨기 2코 모아뜨기 • 13
	빼뜨기 • 12		긴뜨기 • 23
			줄기뜨기 • 90

솜 넣는 법 • 14
조여서 막기 • 15
매듭짓기 • 15
실 처리 • 15
색 바꾸는 법 • 27
솔리드아이 다는 법 • 17
단추눈 다는 법 • 76

감침질 • 25
솜방울 다는 법 • 32
머리와 몸 잇는 법 • 48, 56
플라이 스티치 • 62
블리언 스티치 • 62
사슬 잇기 • 63
왕복뜨기 • 64

★기재된 작품의 크기는 가장 긴 부분을 잰 것입니다.
★실은 생산될 때마다 색상이나 굵기가 조금씩 달라질 수 있기 때문에 처음부터 한 작품 분량을 한꺼번에 사 두기를 권합니다.
★이 책에 실린 작품은 모두 하마나카 수예 손뜨개실과 하마나카 아미아미 뜨개바늘을 사용했습니다.

READY

때굴때굴 병아리를 만들면서
손뜨개 기초를 차근차근 익혀 보아요!

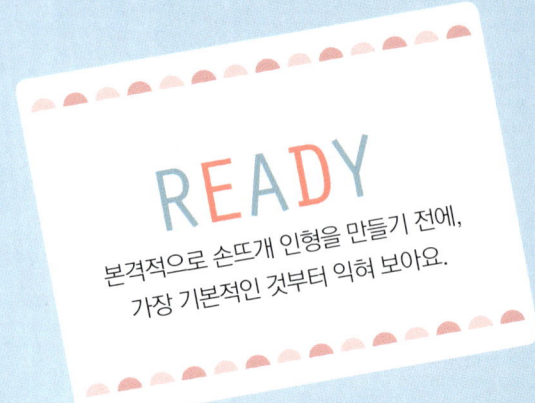

READY

본격적으로 손뜨개 인형을 만들기 전에,
가장 기본적인 것부터 익혀 보아요.

때굴때굴 병아리

도르르 구르는 모습이 귀여운 동글동글 병아리.
동그랗게 뜨는 법만 알면 금방 떠서,
손에 한가득 만들어낼 수 있어요.

HOW TO MAKE
P.9
사용한 실
하마나카 러브 보니
크기 4cm

손뜨개를 시작하기 전에

손뜨개 인형 만들기에 필요한 도구

① **코바늘**
바늘 끝이 갈고리 모양으로 구부러진 바늘입니다. 코바늘 굵기는 호수로 표시하며 숫자가 커질수록 굵어집니다. 이 책에서는 하마나카 아미아미 양쪽 코바늘을 사용하였습니다.

② **송곳**
인형 눈을 다는 자리에 찔러서 뜨개코를 넓히거나, 펠트에 구멍을 뚫을 때 사용합니다.

③ **가위**
뜨개실 등을 자를 때 사용합니다.

④ **핀셋**
솜을 넣을 때 사용합니다.

⑤ **돗바늘**
털실용 바늘로 끝이 뭉툭하고 바늘귀도 크게 나 있습니다. 각 부분을 서로 이을 때나 실 끝을 처리할 때, 수를 놓을 때 사용합니다.

⑥ **시침핀**
귀와 팔다리 등을 달 자리를 표시해 둘 때 사용합니다.

⑦ ⑧ **접착제**
인형 눈이나 펠트, 솜방울 등을 달 때 사용합니다. ⑦ 일반 본드는 주로 플라스틱(인형 눈 등)에, ⑧수예용 접착제는 주로 실이나 천에 사용합니다.

사용하는 실

이 책에서는 초보자도 뜨기 쉬운 스트레이트 얀을 사용했습니다.

하마나카 보니
아크릴 100% · 7.5/0호

하마나카 러브 보니
아크릴 100% · 5/0호

하마나카 피콜로
아크릴 100% · 4/0호

하마나카 코로포쿠루
울 40%, 아크릴 30%, 나일론 30% · 3/0호

하마나카 완파쿠 데니스
아크릴 70%, 울 30% · 5/0호

하마나카 페어 레이디
울 70% 아크릴 30% · 5/0호

★해당 실은 유사한 권장 코바늘 호수를 사용하는 실로 대체가 가능합니다.

실 이외의 재료

펠트
코, 눈, 무늬 등에 사용합니다.

5번 자수실
입이나 눈 등을 수놓을 때 사용합니다.

수예용 솜(H405-001)
각 부분 속에 넣어서 손뜨개 인형을 봉긋하게 만듭니다. 이 책에서는 '하마나카 클린 와타와타'를 사용했습니다.

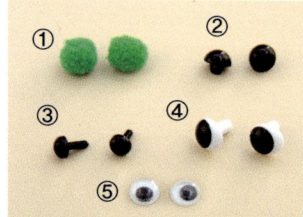

① **솜방울**
접착제로 붙여서 귀나 코를 만듭니다.

하마나카 솜방울
H221-108-2 갈색 8mm
H221-108-5 빨강 8mm
H221-108-9 흰색 8mm
H221-110-6 초록 10mm
H221-110-9 흰색 10mm

②~⑤ **인형 눈**
② 단추눈
실로 달아줍니다.

하마나카 야마타카 단추눈 검정
H220-608-1 8mm
H220-610-1 10mm

③ **솔리드아이**
다리 부분에 접착제를 칠해 끼웁니다.

하마나카 솔리드아이 검정
H221-302-1 2mm
H221-303-1 3mm
H221-304-1 4mm
H221-345-1 4.5mm
H221-305-1 5mm
H221-306-1 6mm

하마나카 솔리드아이 빨강
H221-306-5 6mm

④ **코믹아이**
다리 부분에 접착제를 칠해 끼웁니다.

하마나카 코믹아이 검정
H220-409 9mm

⑤ **무빙아이(움직이는 눈)**
뒤쪽에 접착제를 칠해서 붙입니다.

★솔리드아이와 코믹아이는 각각 ②의 단추눈과 ⑤의 무빙아이로 대체할 수 있습니다.

P.6 1 때굴때굴 병아리 뜨는 법

사용 실
하마나카 러브 보니
노랑(105) 5g, 주황(126) 조금

그 외의 재료
인형 눈(하마나카 솔리드아이 검정 6mm) 2개, 수예용 솜 적당히

바늘
하마나카 코바늘 6/0호

그림 보는 법

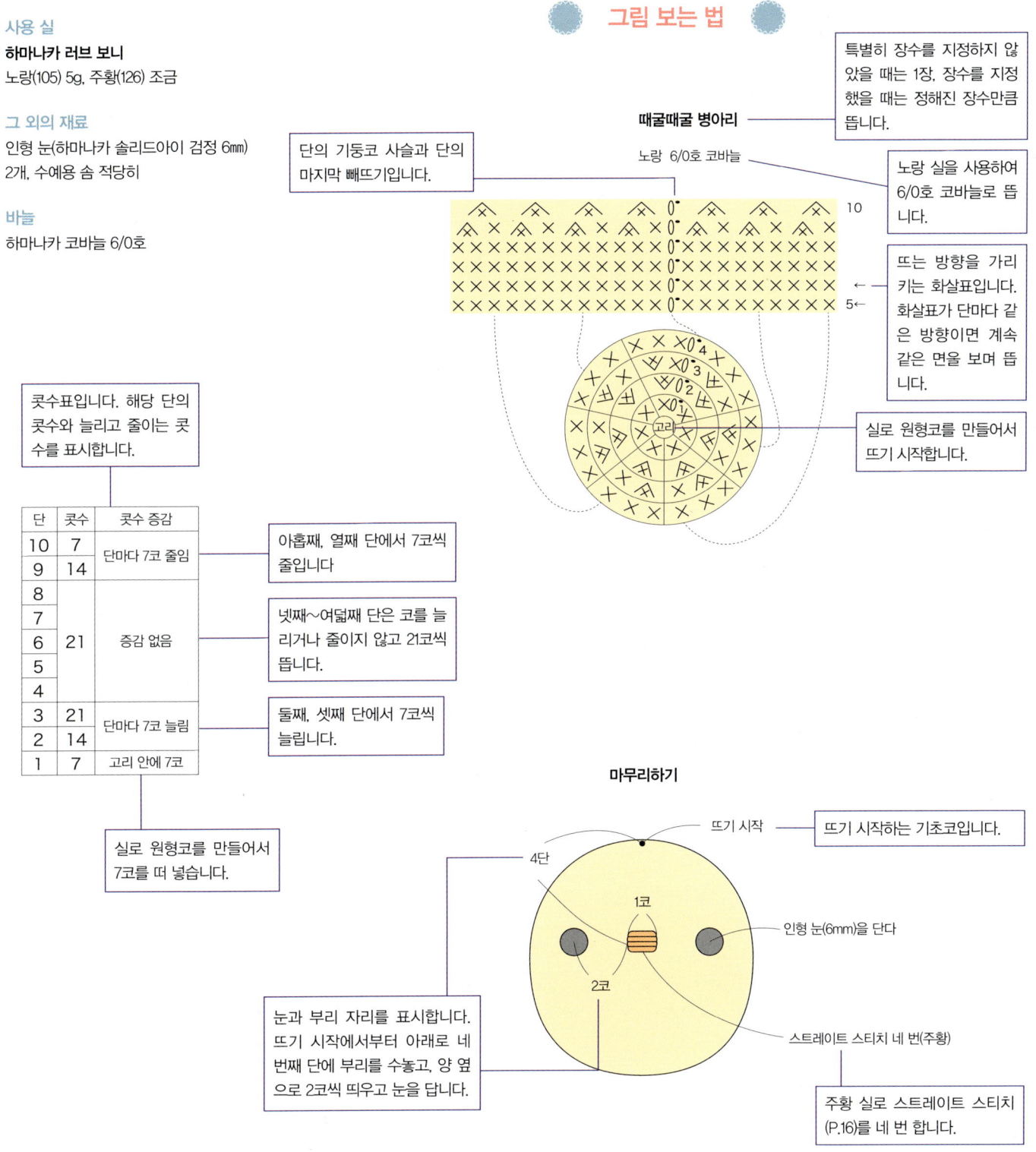

특별히 장수를 지정하지 않았을 때는 1장, 장수를 지정했을 때는 정해진 장수만큼 뜹니다.

노랑 실을 사용하여 6/0호 코바늘로 뜹니다.

뜨는 방향을 가리키는 화살표입니다. 화살표가 단마다 같은 방향이면 계속 같은 면을 보며 뜹니다.

단의 기둥코 사슬과 단의 마지막 빼뜨기입니다.

실로 원형코를 만들어서 뜨기 시작합니다.

콧수표입니다. 해당 단의 콧수와 늘리고 줄이는 콧수를 표시합니다.

단	콧수	콧수 증감
10	7	단마다 7코 줄임
9	14	
8	21	증감 없음
7		
6		
5		
4		
3	21	단마다 7코 늘림
2	14	
1	7	고리 안에 7코

아홉째, 열째 단에서 7코씩 줄입니다

넷째~여덟째 단은 코를 늘리거나 줄이지 않고 21코씩 뜹니다.

둘째, 셋째 단에서 7코씩 늘립니다.

실로 원형코를 만들어서 7코를 떠 넣습니다.

마무리하기

뜨기 시작하는 기초코입니다.

인형 눈(6mm)을 단다

스트레이트 스티치 네 번(주황)

주황 실로 스트레이트 스티치(P.16)를 네 번 합니다.

눈과 부리 자리를 표시합니다. 뜨기 시작에서부터 아래로 네 번째 단에 부리를 수놓고, 양 옆으로 2코씩 띄우고 눈을 답니다.

실타래에서 실 끝을 꺼내는 법

코바늘 잡는 법

①
실타래 속에 손가락을 넣습니다. 안 까지 깊이 넣어서 실 끝을 찾습니다.

②
안의 실을 잡고 바깥으로 끌어냅니다.

③
실 끝이 나올 때까지 꺼냅니다.
★실뭉치가 나올 때에는 그 뭉치 속에서 실 끝을 찾아서 꺼내면 됩니다.

오른손으로 코바늘을 쥡니다. 엄지 손가락과 집게손가락으로 바늘 끝에서 4㎝쯤 떨어진 곳을 잡고 가운뎃 손가락을 갖다 댑니다.

1. 실로 원형코를 만듭니다

★이 방법은 일본손뜨개인형협회에서 고안, 추천하는 방법입니다.
★알기 쉽게 실 색깔을 바꿔서 설명했습니다.

|고리| 실로 만드는 원형코

①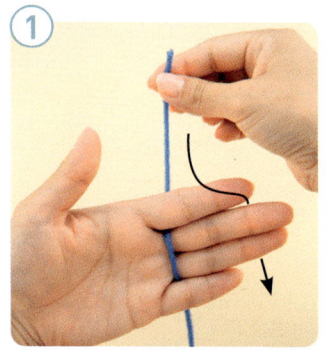
오른손으로 실 끝을 잡고, 사진처럼 왼손에 넉넉하게 실을 걸치고 화살 표처럼 집게손가락과 가운뎃손가락 사이에서 실을 뒤로 뺍니다.

②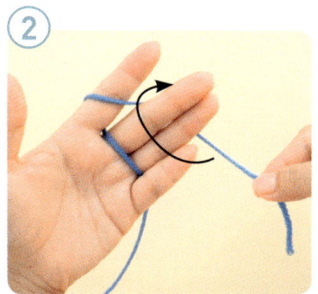
실을 가운뎃손가락과 넷째손가락에 두 번 감아 줍니다.

③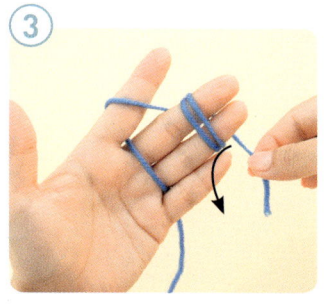
두 번 감은 모습입니다. 실 끝을 넷째손가락과 새끼손가락 사이에 끼웁니다.

④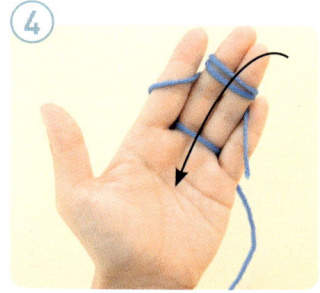
왼손 가운뎃손가락, 넷째손가락, 새끼손가락을 구부립니다.

⑤
구부린 모습입니다. 실을 다 걸었습니다.

⑥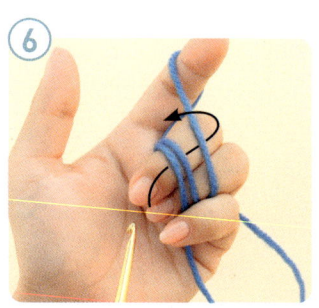
코바늘을 화살표처럼 넣어 집게손가락에 걸려 있는 실을 바늘에 겁니다.

⑦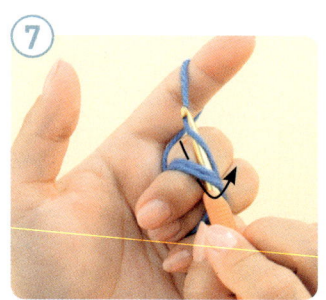
화살표처럼 끌어냅니다.

⑧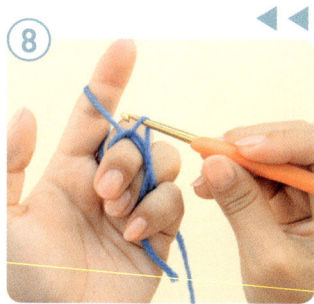
끌어낸 모습입니다. 실로 만드는 원형코를 완성했습니다.

② 첫째 단을 뜹니다

○ 사슬뜨기

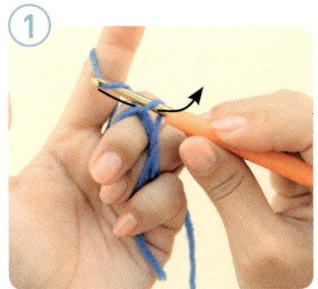

①
바늘에 실을 걸고 화살표처럼 끌어 냅니다.

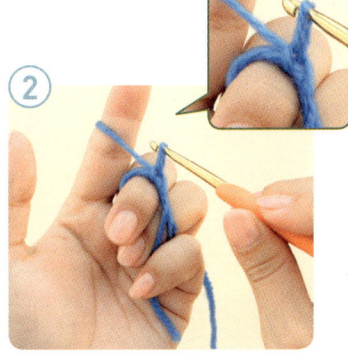

②
사슬뜨기를 1코 했습니다. 이것이 첫째 단의 기둥코인 사슬 1코가 됩니다.

★기둥코
단의 처음에 그 단의 뜨개코 높이와 같은 치수로 떠 주는 사슬뜨기를 '기둥코'라고 합니다. 기둥코인 사슬은 짧은뜨기일 때는 첫 코로 세지 않습니다. 긴뜨기일 때는 단의 첫 코로 셉니다.

필요한 사슬 높이 / 짧은뜨기일 때

1코 / 기둥코인 사슬 1코

긴뜨기일 때

1코 / 기둥코인 사슬 2코

× 짧은뜨기

③
화살표처럼 원형코 안으로 바늘을 넣어 집게손가락에 걸려 있는 실을 바늘에 겁니다.

④
화살표처럼 끌어냅니다.

⑤
바늘에 집게손가락에 걸려 있는 실을 다시 걸고 화살표처럼 고리 2개 안으로 한 번에 빼냅니다.

⑥
짧은뜨기를 1코 했습니다.

⑦
같은 방법으로 원형코 안에 짧은뜨기를 6코 더 해 줍니다(총 7코).

⑧
바늘에 걸려 있는 코를 크게 늘린 뒤에 바늘을 뺍니다.

⑨
가운데 고리 안으로 집게손가락을 넣고 왼손으로 실 끝을 당깁니다.

고리 안으로 넣는다

⑩
고리 2개 중 하나만 줄어듭니다.

줄어든 쪽의 고리

⑪ 10에서 줄어든 고리를 왼손으로 잡고 고리 아래쪽을 당깁니다.

⑫ 그대로 계속 당기면 다른 한쪽 고리가 조여집니다.

⑬ 왼손으로 실 끝을 당겨서 남은 고리도 조입니다.

⑭ 가운데 구멍을 막았습니다.

● 빼뜨기

⑮ 왼손으로 뜨개조직을 고쳐 잡고 늘렸던 코에 바늘을 넣습니다.

⑯ 화살표처럼 첫째 단에 첫 번째로 뜬 짧은뜨기의 머리 사슬을 주워서 바늘을 넣습니다.

⑰ 바늘에 실을 걸고 화살표처럼 한 번에 빼냅니다.

⑱ 빼뜨기를 했습니다. 첫째 단을 완성했습니다. 이때 보고 있는 쪽이 겉감면이 됩니다.

★ 짧은뜨기의 머리 사슬
'짧은뜨기의 머리 사슬'이란 오른쪽 그림 부분을 말합니다.

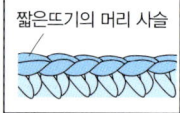
짧은뜨기의 머리 사슬

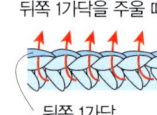
짧은뜨기의 머리 사슬 (2가닥)을 주울 때

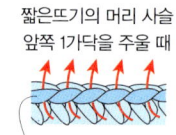
짧은뜨기의 머리 사슬 뒤쪽 1가닥을 주울 때
뒤쪽 1가닥

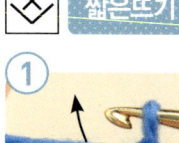
짧은뜨기의 머리 사슬 앞쪽 1가닥을 주울 때
앞쪽 1가닥

❸ 둘째 단을 뜹니다

⊠ 짧은뜨기 2코 늘려뜨기

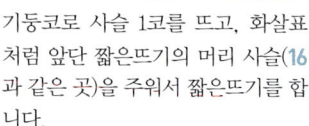
① 기둥코로 사슬 1코를 뜨고, 화살표처럼 앞단 짧은뜨기의 머리 사슬(⑯과 같은 곳)을 주워서 짧은뜨기를 합니다.

② 짧은뜨기를 1코 했습니다. 한 번 더 같은 곳에 바늘을 넣어서 짧은뜨기를 1코 더 합니다.

③ 짧은뜨기를 2코 했습니다. 1코가 2코로 늘어났습니다.

④ 같은 방법으로 앞단의 1코에 짧은뜨기를 2코씩 해 주고, 마지막은 ⑯~⑱처럼 빼뜨기를 합니다. 둘째 단을 완성했습니다. 첫째 단에서는 7코였던 콧수가 14코로 늘었습니다.

4 셋째 단을 뜹니다

① 기둥코로 사슬 1코를 뜨고 짧은뜨기를 1코 합니다.

② 다음 코에 짧은뜨기 2코 늘려뜨기를 합니다.

③ 짧은뜨기와 짧은뜨기 2코 늘려뜨기를 되풀이하고, 마지막은 빼뜨기를 합니다. 셋째 단을 완성했습니다. 둘째 단에서는 14코였던 콧수가 21코로 늘었습니다.

5 넷째~여덟째 단을 뜹니다

넷째~여덟째 단은 코를 늘리지 않고 단마다 기둥코로 사슬 1코를 뜨고 짧은뜨기를 합니다.

6 아홉째 단을 뜹니다

 짧은뜨기 2코 모아뜨기

① 기둥코로 사슬 1코를 뜨고 짧은뜨기를 1코 합니다. 계속해서 다음 코에 바늘을 넣고 실을 걸어 끌어냅니다.

② 실을 끌어냈습니다. 이 상태를 '미완성 짧은뜨기'라고 합니다. 이어서 화살표처럼 옆 코에 바늘을 넣어 같은 식으로 실을 끌어냅니다.
★ '미완성'이란 앞으로 한 번 더 빼뜨면 뜨개코가 완성되는 상태를 말합니다.

③ 실을 끌어내어 미완성 짧은뜨기를 2코 뜬 상태에서, 바늘에 실을 걸고 한 번에 빼냅니다.

④ 짧은뜨기 2코 모아뜨기를 했습니다.

⑤ 짧은뜨기와 짧은뜨기 2코 모아뜨기를 되풀이하고, 마지막은 빼뜨기를 합니다. 아홉째 단을 완성했습니다. 여덟째 단에서는 21코였던 콧수가 14코로 줄었습니다.

7 열째 단을 뜹니다

① 기둥코로 사슬 1코를 뜹니다. 이어서 미완성 짧은뜨기를 2코 뜨고 바늘에 실을 걸어서 화살표처럼 한 번에 빼냅니다.

② 짧은뜨기 2코 모아뜨기를 했습니다.

③ 나머지 코를 모두 짧은뜨기 2코 모아뜨기로 뜨고, 마지막은 빼뜨기를 합니다. 열째 단을 완성했습니다.

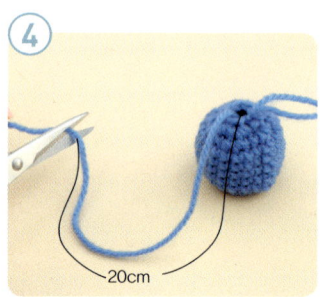
④ 바늘에 걸려 있는 코를 크게 늘린 뒤에 바늘을 빼고, 실을 약 20㎝ 남기고 자릅니다.

⑤ 늘린 코 안으로 손가락을 사진처럼 넣습니다.

⑥ 실을 잡습니다.

⑦ 코 안에서 실을 끌어냅니다.

⑧ 그대로 실을 당겨서 코를 조입니다.

8 솜을 넣습니다

★뜨기 끝의 구멍이 작아서 솜을 넣기 힘들 때는 뜨는 도중에 솜을 넣어도 됩니다.

① 솜을 적당한 크기로 찢습니다.

② 뜨개조직 속에 솜을 넣습니다. 핀셋을 이용하여 깊숙한 곳까지 잘 넣어 줍니다.

③ 원하는 만큼 단단해질 때까지 솜을 꼼꼼하게 넣습니다.

9 뜨기 끝을 조여서 막습니다

★알기 쉽게 도중부터 뜨기 끝의 실 색깔을 바꿔서 설명했습니다.

조여서 막기

①
뜨기 끝의 실을 돗바늘에 뀁니다.

②
바늘을 사진처럼 안쪽에서 넣어서 실을 겉면으로 빼냅니다.

> 조여서 막기나 감침질을 할 때는 반드시 처음에 겉면으로 실을 빼 둡니다.

③
바늘을 화살표처럼 열째 단 짧은뜨기의 머리 사슬 앞쪽 1가닥에 넣습니다.

④
바늘을 넣은 모습입니다. 다른 코에도 같은 방법으로 바늘을 넣어서 실을 통과시킵니다.

⑤
모든 코에 바늘을 넣어서 실을 통과시킨 후, 실을 화살표 방향으로 당겨서 조입니다.

⑥
구멍이 완전히 막힐 때까지 조여 줍니다.

10 실을 처리합니다

매듭짓기

①
조인 코 가운데로 바늘을 넣어 적당한 곳에서 뺍니다.

②
바늘을 당겨서 실을 끌어냅니다. 실이 나와 있는 곳에 바늘을 대고, 바늘에 실을 세 번 감아 줍니다.

실 처리

③
감은 모습입니다.

④
실이 감긴 곳을 손가락으로 누르고 바늘을 빼냅니다.

⑤
실을 당겨서 매듭을 조입니다. 매듭을 지었습니다.

⑥
1에서 실을 빼낸 곳과 같은 곳에 바늘을 넣어 적당한 곳에서 빼냅니다.

⑦ 실을 화살표 방향으로 당깁니다. 매듭 부분이 뜨개조직 바깥에 남습니다.

⑧ 실을 더 강하게 당겨서 매듭을 뜨개조직 속에 숨깁니다.

⑨ 실을 뜨개조직에 바짝 붙여서 자릅니다.

⑩ 뜨개조직을 손으로 매만져서 실 끝을 완전히 속으로 숨깁니다.

⑪ 부리를 수놓습니다

⑪ 몸판을 완성했습니다.

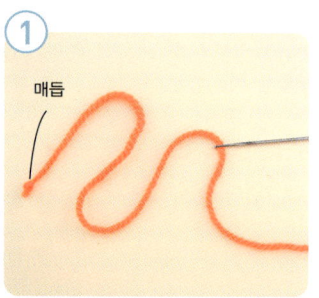
① 주황 실을 50㎝로 잘라서 돗바늘에 꿰고 끝에 매듭을 짓습니다.

② 바늘을 적당한 곳으로 넣어서 부리를 수놓을 자리에서 빼냅니다.

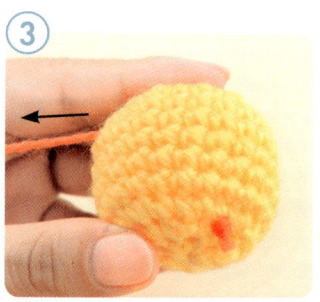
③ 실을 당깁니다. 매듭 부분이 뜨개조직 바깥에 남습니다.

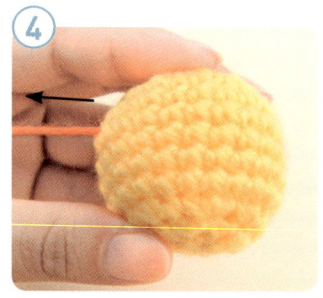
④ 실을 더 강하게 당겨서 매듭을 뜨개조직 속에 숨깁니다.

⑤ 옆 코에 바늘을 넣어 2에서 바늘을 뺀 자리와 같은 곳에서 빼냅니다.

⑥ 실을 살짝 조입니다. 스트레이트 스티치를 한 번 했습니다.

⑦ 5~6을 두 번 더 되풀이합니다.

12 솔리드아이를 답니다

★솔리드아이는 단추눈으로 대체할 수 있습니다. 단추눈 다는 법(P.76)을 참고하세요.

⑧ 스트레이트 스티치를 세 번 한 모습입니다.

⑨ 네 번째에는 바늘을 적당한 곳에서 빼냅니다.

⑩ P.15과 같은 방법으로 매듭을 짓고 실을 처리합니다. 부리를 완성했습니다.

① 솔리드아이를 달 자리에 송곳을 찔러서 구멍을 냅니다.

② 구멍이 난 모습입니다. (송곳으로 찌른 구멍)

③ 솔리드아이 다리에 접착제를 묻힙니다.

④ 송곳으로 구멍을 낸 자리에 솔리드아이 다리를 끼웁니다.

⑤ 손가락으로 살짝 눌러 줍니다.

⑥ 한쪽 눈을 달았습니다.

⑦ 다른 한쪽 눈도 같은 방법으로 달면 때굴때굴 병아리가 완성됩니다.

주의!
솔리드아이를 달 자리에 송곳으로 확실하게 구멍을 내지 않으면, 속의 솜에 밀려서 위 사진처럼 눈이 튀어나온 상태가 됩니다.

START

동그랗고 알록달록한 손뜨개 친구들을
직접 내 손으로 만들어 볼 시간이에요!

화가 병아리

때굴때굴 병아리에게 작은 날개와
깜찍한 베레모를 달아 주었어요.
어떤 아이가 그림을 잘 그릴까요?

HOW TO MAKE
P.22
사용한 실
하마나카 러브 보니
크기 5cm

알록달록 달걀

색칠한 것처럼 알록달록한 달걀.
취향에 맞게 색을 바꿔가며 떠 보세요.

HOW TO MAKE
P.26
사용한 실
하마나카 러브 보니
크기 6cm

화가 병아리 뜨는 법 (P.20 2~5)

사용 실
하마나카 러브 보니
2 연한 파랑(116) 5g, 진한 빨강(112) 조금, 주황(126) 조금
3 노랑(105) 5g, 파랑(117) 조금, 주황(126) 조금
4 크림색(104) 5g, 빨강(111) 조금, 주황(126) 조금
5 분홍(109) 5g, 녹연두(124) 조금, 주황(126) 조금

그 외의 재료
인형 눈(하마나카 솔리드아이 검정 6mm) 2개씩, 수예용 솜 적당히

바늘
하마나카 코바늘 6/0호

뜨는 법
1 실로 원형코를 만들어서 몸판과 모자를 뜹니다.
2 몸판에 솜을 넣고 조여서 막습니다.
3 사슬뜨기로 기초코를 잡아서 날개를 뜹니다.
4 몸판에 모자, 날개, 인형 눈을 달고 부리를 수놓습니다.

몸판
a색 6/0호 코바늘

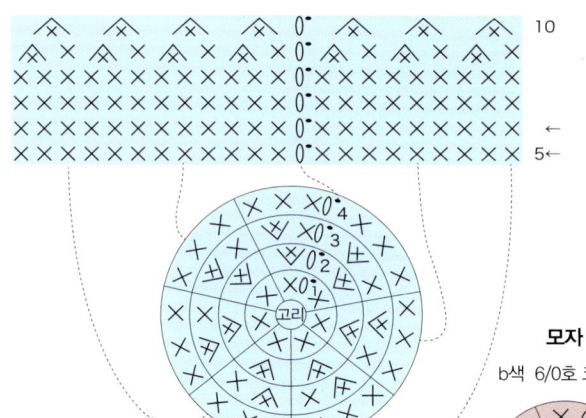

단	콧수	콧수 증감
10	7	단마다 7코 줄임
9	14	
8	21	증감 없음
7		
6		
5		
4		
3	21	단마다 7코 늘림
2	14	
1	7	고리 안에 7코

날개(2장)
a색 6/0호 코바늘

뜨기 시작
기초코로 사슬 3코
★뜨기 시작과 뜨기 끝의 실은 약 20cm씩 남겨 둔다

모자
b색 6/0호 코바늘

★솜은 넣지 않는다

단	콧수	콧수 증감
2	7	증감 없음
1	7	고리 안에 7코

★뜨기 시작의 실은 20cm, 뜨기 끝의 실은 약 40cm씩 남겨 둔다

배색

	a색	b색
2	연한 파랑	진한 빨강
3	노랑	파랑
4	크림색	빨강
5	분홍	녹연두

마무리하기

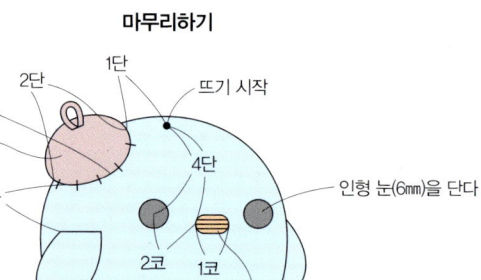

★P.24 참조
★P.16 참조

날개 뜨는 법

○ 사슬뜨기 기초코

①
실 뒤쪽에서 바늘을 대고 화살표처럼 바늘을 돌려서 고리를 만듭니다.

②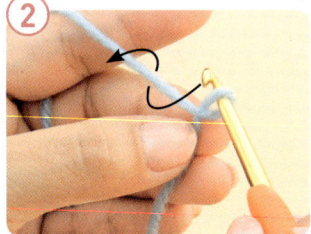
고리 밑동을 손가락으로 잡고 화살표처럼 바늘을 움직여서 실을 겁니다.

③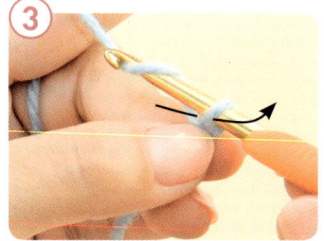
바늘에 걸린 실을 화살표처럼 끌어냅니다.

④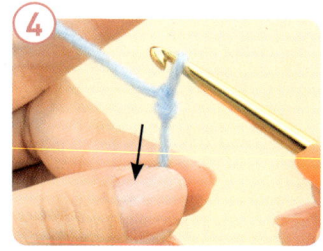
실 끝을 당겨서 고리를 조입니다.

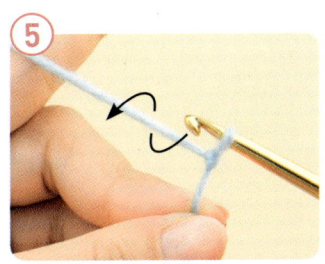
⑤ 화살표처럼 바늘에 실을 겁니다.

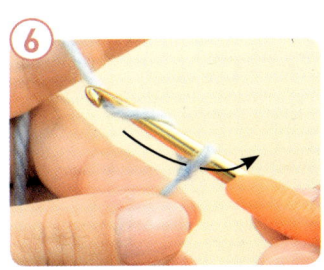
⑥ 바늘에 걸린 실을 화살표처럼 빼냅니다.

⑦ 사슬뜨기를 1코 했습니다.

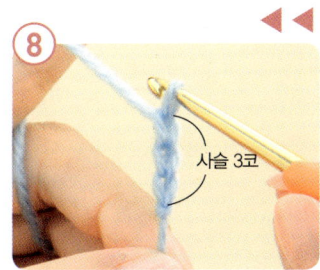
⑧ 5~6을 두 번 더 되풀이해서 사슬뜨기를 총 3코 합니다. 기초코를 다 떴습니다.

T 긴뜨기

⑨ 기둥코로 사슬 2코를 뜨고 화살표처럼 바늘에 실을 겁니다.

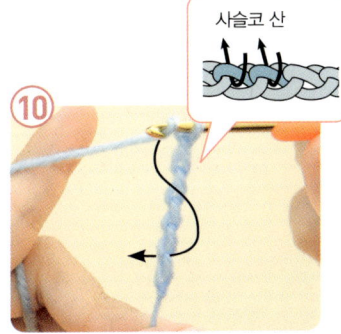
⑩ 실을 건 채 화살표처럼 바늘을 기초코의 둘째 사슬코 산에 넣습니다.

⑪ 바늘에 실을 걸고 화살표처럼 끌어냅니다.

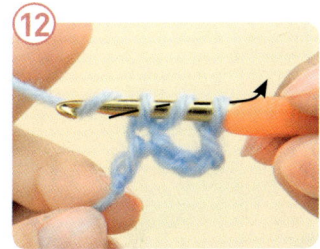
⑫ 바늘에 실을 걸고 화살표처럼 한 번에 빼냅니다.

⑬ 긴뜨기를 1코 했습니다.

⑭ 다음 코에도 같은 방법으로 실을 걸고 바늘을 넣어 긴뜨기를 1코 더 합니다.

⑮ 바늘에 걸려 있는 코를 크게 늘린 뒤에 바늘을 뺍니다. 실을 20cm로 자르고 실 끝을 코 안으로 통과시켜서 조입니다. 날개를 완성했습니다.

날개 다는 법

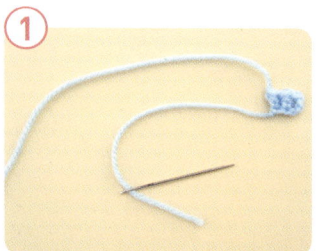
① 뜨기 시작의 실을 돗바늘에 꿰입니다.

② 돗바늘을 사진처럼 날개 다는 자리에서 등을 향해 넣어 적당한 곳에서 뺍니다.

③ 매듭을 짓고 실을 처리합니다.

④ 뜨기 끝의 실을 돗바늘에 꿰고, 날개 다는 자리에서 배를 향해 돗바늘을 넣어 적당한 곳에서 뺍니다.

⑤ 매듭을 짓고 실을 처리합니다. 한쪽 날개를 달았습니다. 다른 한쪽 날개도 같은 방법으로 달아 줍니다.

모자 만드는 법

① 뜨개도안대로 모자를 뜨고, 뜨기 끝의 실을 40㎝ 길이로 자릅니다.

② 뜨기 시작의 실을 돗바늘에 꿰고, 바늘을 중심에서 겉쪽으로 뺍니다.

③ 그대로 실을 당겨서 실을 겉면으로 끌어냅니다.

④ 2에서 바늘을 뺀 곳에 바늘을 한 번 더 넣습니다.

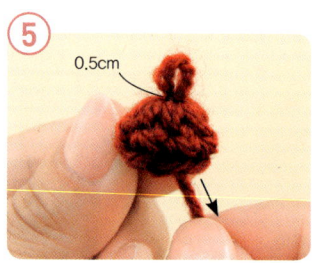
⑤ 뜨기 시작의 실이 0.5㎝ 정도의 고리가 될 때까지 실을 당깁니다.

⑥ 모자 안쪽의 실을 작게 줍습니다.

⑦ 그대로 바늘에 실을 세 번 감아서 매듭을 짓습니다.

⑧ 실을 짧게 자릅니다.

모자 다는 법

★실은 감침질 할 거리의 2배+30㎝ 길이로 자릅니다.

감침질

40㎝ 남긴 뜨기 끝의 실을 돗바늘에 꿰고, 바늘을 안쪽에서 넣습니다.

그대로 바늘을 당겨서 실을 겉면으로 끌어냅니다.

바늘을 몸판의 모자 다는 자리에 넣어 바로 옆에서 뺍니다.

모자 마지막 단 짧은뜨기의 머리 사슬을 주운 뒤에 **3**에서 바늘을 뺀 곳에 바늘을 넣어 바로 옆 코에서 뺍니다.

실을 당깁니다.

모자 달 자리를 한 바퀴 돌아가면서 **4~5**를 되풀이합니다.

마지막은 바늘을 적당한 곳에서 빼서 매듭을 짓고 실을 처리합니다.

모자를 달았습니다. 화가 병아리를 완성했습니다.

알록달록 달걀 뜨는 법

P.21 6~9

사용 실
하마나카 러브 보니
6 연한 파랑(116) 5g, 진한 분홍(110) 2g, 진한 빨강(112) 2g
7 분홍(109) 5g, 크림색(104) 4g
8 흰색(125) 5g, 초록(115) 2g, 파랑(117) 2g
9 진한 노랑(106) 5g, 빨강(111) 4g

그 외의 재료
수예용 솜 적당히

바늘
하마나카 코바늘 6/0호

뜨는 법
1 실로 원형코를 만들어서 달걀을 뜹니다.
2 달걀에 솜을 넣고 조여서 막습니다.

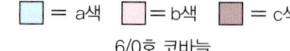

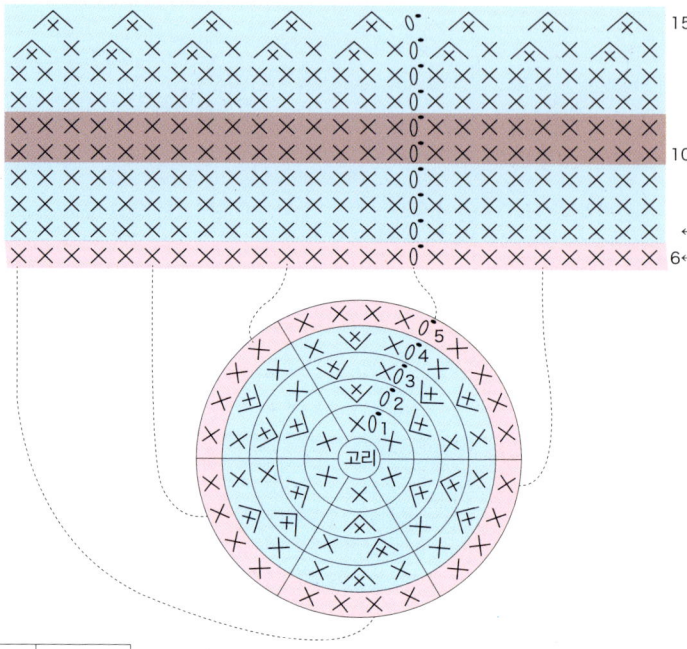

배색

	a색	b색	c색
6	연한 파랑	진한 분홍	진한 빨강
7	분홍	크림색	
8	흰색	초록	파랑
9	진한 노랑	빨강	

6~9 공통

단	콧수	콧수 증감
15	8	단마다 8코 줄임
14	16	
13	24	증감 없음
12	24	
11	24	
10	24	
9	24	
8	24	
7	24	
6	24	
5	24	
4	24	
3	18	단마다 6코 늘림
2	12	
1	6	고리 안에 6코

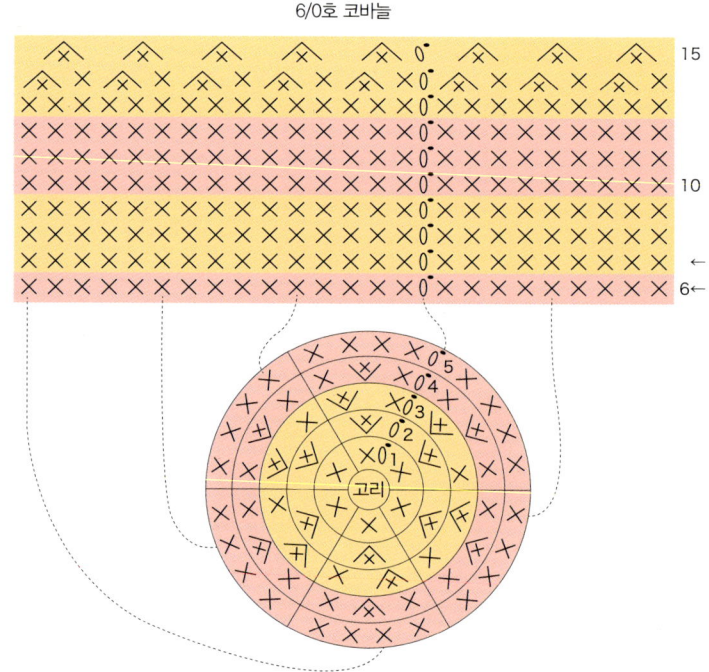

9 색 바꾸는 법

★6~8도 같은 방법으로 색을 바꿉니다.

실을 걸치는 방법

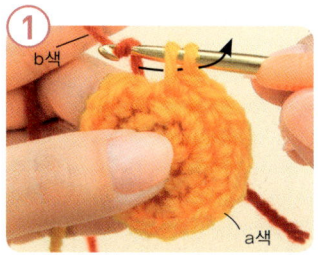

1. a색 단의 마지막 짧은뜨기를 완성할 때 b색을 바늘에 걸고 화살표처럼 끌어냅니다. a색 실은 쉬게 둡니다.
2. 앞단 마지막 짧은뜨기를 했습니다. 화살표처럼 첫째 짧은뜨기의 머리 사슬에 바늘을 넣습니다.
3. 바늘에 실을 걸고 화살표처럼 한 번에 빼냅니다.
4. 빼낸 모습입니다. 계속해서 b색으로 뜹니다.

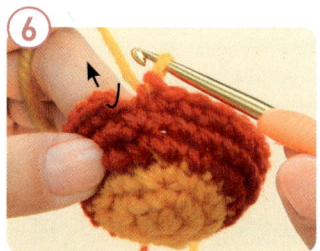

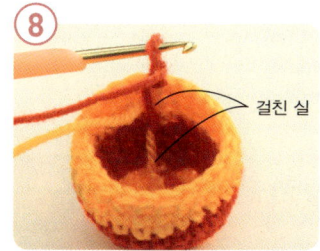

5. 다시 a색으로 바꿀 때는 1과 마찬가지로 b색의 마지막 짧은뜨기를 완성할 때 a색 실을 바늘에 걸고 빼냅니다.
6. 첫째 짧은뜨기의 머리 사슬에 바늘을 넣고 빼뜨기를 합니다.
7. 빼뜨기를 했습니다.
8. 안쪽에서 본 모습입니다. 세로로 실이 걸쳐져 있습니다. 걸친 실이 느슨해지거나 당겨지지 않도록 조심합니다.

바꾼 실을 처리하는 법

★색을 바꿀 때 실을 걸치지 않은 부분은 아래 중 한 가지 방법으로 실을 처리합니다.

감싸며 뜨는 방법

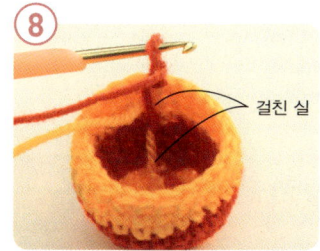

1. 앞단까지 뜬 색의 실(b색)을 옆으로 걸치고 화살표처럼 바늘을 넣습니다.
2. 바늘에 실을 걸고 화살표처럼 b색 실 아래에서 끌어냅니다.
3. 바늘에 실을 걸고 화살표처럼 빼내어 짧은뜨기를 합니다.
4. b색 실을 감싸며 뜬 상태로 짧은뜨기를 했습니다. 같은 방법으로 5코 정도 감싸며 뜹니다.

5. 5코를 감싸며 뜬 뒤 감싸지 않고 2코 뜬 상태입니다. b색 실은 짧게 자릅니다.

돗바늘을 사용하는 방법

실을 돗바늘에 꿰어서 안쪽에 1~2㎝ 통과시키고 짧게 자릅니다.

묶는 방법

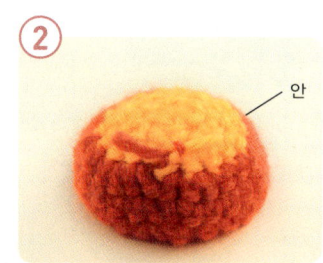

1. 뜨개조직 안쪽에서 실을 두 번 묶습니다.
2. 짧게 자릅니다.

STEP1

색색 곰돌이

제각기 다른 표정을 짓고 있는 곰돌이들이예요.
나란히 줄을 세워 놓으면 귀엽겠지요?

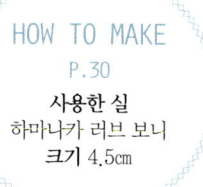

HOW TO MAKE
P.30
사용한 실
하마나카 러브 보니
크기 4.5㎝

뭐 하고 놀까?

16

17

18

개구리 삼총사

눈알이 또록 굴러가는 개구리 친구들!
놀 궁리를 하느라 즐거워요.

HOW TO MAKE
P.30
사용한 실
하마나카 러브 보니
크기 4.5cm

색색 곰돌이, 개구리 삼총사 뜨는 법 (P.28, 29 / 10~18)

사용 실
하마나카 러브 보니
10 연한 황갈색(107) 3g, 녹연두(124) 2g
11 연한 황갈색(107) 3g, 빨강(111) 2g
12 연한 갈색(122) 3g, 파랑(117) 2g
13 연한 황갈색(107) 3g, 주황(126) 2g
14 연한 갈색(122) 3g, 진한 노랑(106) 2g
15 연한 갈색(122) 3g, 진한 분홍(110) 2g
16, 17, 18 공통 녹연두(124) 3g씩, 크림색(104) 2g씩

그 외의 재료
10~18 공통
수예용 솜 적당히, 5번 자수실(빨강) 적당히
10~15
인형 눈(하마나카 솔리드아이 검정 3mm) 1개씩, 인형 눈(하마나카 솔리드아이 검정 5mm)
10, 11, 15 2개씩, 13, 14 1개씩
솜방울(갈색 8mm) 2개씩, 펠트(흰색) 10×12mm
12, 13, 14, 18
5번 자수실(검정) 적당히
★5번 자수실은 1겹으로 사용합니다.
16~18
솜방울(초록 10mm) 2개씩, 인형 눈(하마나카 솔리드아이 검정 2mm) 2개씩, 무빙아이(지름 8mm) 16, 17 2개씩, 18 1개
★2mm의 솔리드아이는 프렌치 노트 스티치(P.33)로 대체할 수 있습니다.

바늘
하마나카 코바늘 6/0호

뜨는 법
1 실로 원형코를 만들어서 몸판을 뜹니다.
2 몸판에 솜을 넣고 조여서 막습니다.
3 그림을 참조하여 각 부분을 몸판에 달아서 마무리합니다.

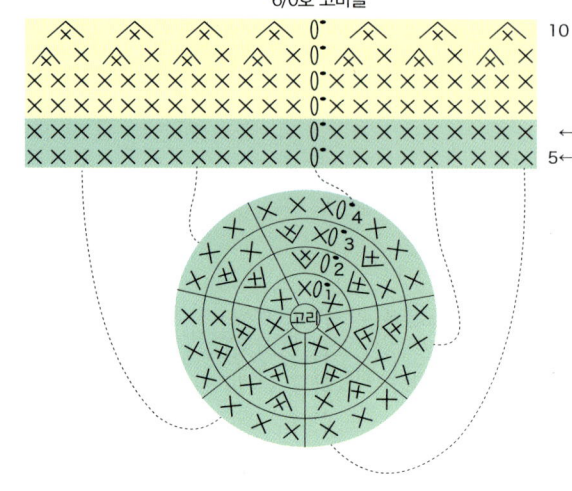

몸판
= a색 = b색
6/0호 코바늘

단	콧수	콧수 증감
10	7	단마다 7코 줄임
9	14	
8	21	증감 없음
7	21	
6	21	
5	21	
4	21	
3	21	단마다 7코 늘림
2	14	
1	7	고리 안에 7코

10~15 코 주위 실물 크기 종이본

인형 눈(3mm) 끼우는 자리

배색

	a색	b색
10	연한 황갈색	녹연두
11	연한 황갈색	빨강
12	연한 갈색	파랑
13	연한 황갈색	주황
14	연한 갈색	진한 노랑
15	연한 갈색	진한 분홍
16	녹연두	크림색
17	녹연두	크림색
18	녹연두	크림색

마무리하기(P.31 참조)
★특별히 지정하지 않은 것은 10과 같음

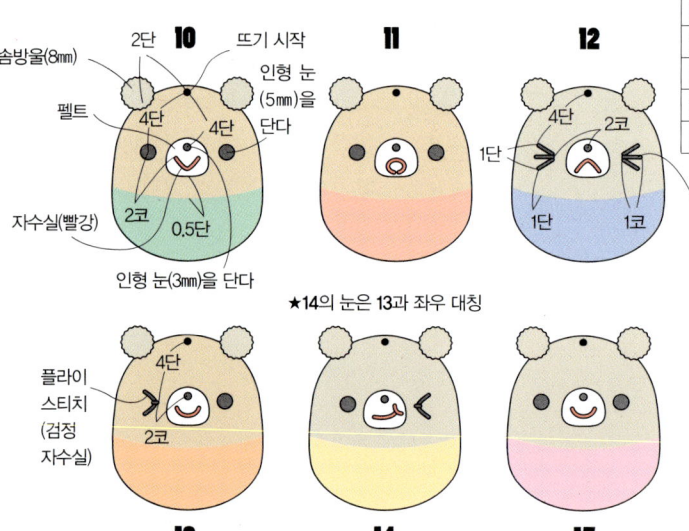

★14의 눈은 13과 좌우 대칭

마무리하기(P.32 참조)
★특별히 지정하지 않은 것은 16과 같음

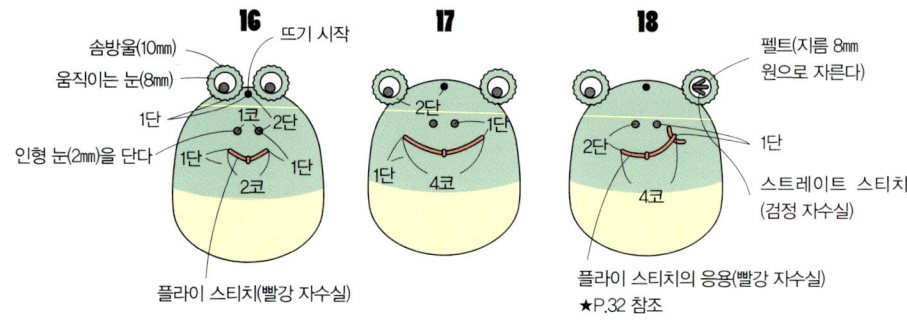

15 코 주위 만드는 법
★10~14도 같은 방법으로 만듭니다.

①
펠트를 코 주위 모양으로 자르고 코 자리에 송곳으로 구멍을 내 둡니다. 자수실은 입 길이로 자릅니다.
★자수실은 조금 길게 잘라 놓고 접착제로 붙인 뒤에 여분을 잘라도 됩니다.

②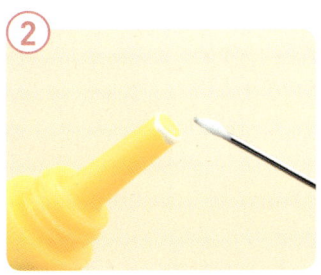
돗바늘 끝에 접착제를 묻힙니다.

③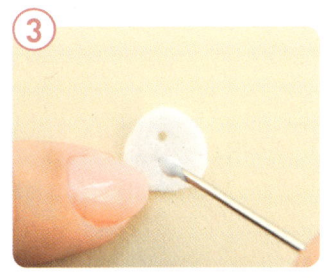
왼손으로 펠트를 누르고, 돗바늘에 묻은 접착제를 입 모양으로 칠합니다.

④
접착제를 칠한 모습입니다.

⑤
핀셋으로 자수실을 접착제 모양에 맞춰서 붙입니다.

⑥
입을 완성했습니다.

⑦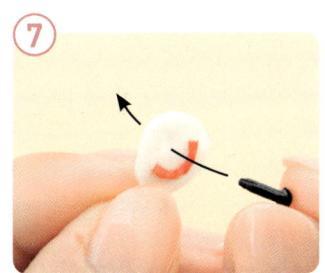
솔리드아이(3mm)를 펠트 구멍에 끼웁니다.

⑧
끼운 모습입니다.

⑨
몸판의 코 다는 자리에 송곳으로 구멍을 냅니다.

⑩
펠트 뒤쪽과 솔리드아이 다리에 접착제를 칠합니다.

⑪
9에서 낸 구멍에 솔리드아이 다리를 집어넣고 펠트를 몸판에 붙입니다.

⑫
손가락으로 살짝 누릅니다. 솔리드아이(5mm)는 P.17과 같은 방법으로 눈 자리에 달아 줍니다.

솜방울 다는 법

솜방울에 접착제를 칠합니다.

솜방울을 몸판에 붙입니다.

손가락으로 살짝 눌러 줍니다.

반대쪽 귀도 같은 방법으로 달아 줍니다. 곰돌이를 완성했습니다.

18 개구리 만드는 법

펠트를 지름 8mm 원으로 자르고 자수실(검정)로 사진의 숫자를 따라 스트레이트 스티치를 합니다.

솜방울에 접착제를 칠합니다.

1의 펠트를 솜방울에 붙입니다.

한쪽 눈을 완성했습니다.

다른 솜방울 1개에도 접착제를 칠하고 움직이는 눈을 붙입니다.

다른 한쪽 눈도 완성했습니다.

눈을 접착제로 몸판에 붙이고, 솔리드아이에 접착제를 칠해서 코 다는 자리에 끼웁니다.

입을 수놓습니다. 자수실을 돗바늘에 꿰어서 매듭짓고, 옆쪽 적당한 곳에 바늘을 넣어 입 수놓는 자리에서 뺍니다.

그대로 바늘을 당겨서 매듭 부분을 몸판 속으로 숨기고, 사진처럼 바늘을 넣어 입 가운데에서 뺍니다.

실을 당깁니다.

9에서 바늘을 뺀 곳에 다시 바늘을 넣어 옆에서 뺍니다.

실을 당깁니다.

⑬ 옆으로 걸쳐진 실에 바늘을 통과시킵니다.

⑭ 통과시킨 모습입니다.

⑮ 바늘을 사진처럼 넣어 등의 적당한 곳에서 빼서 매듭을 짓고 실을 처리합니다.

⑯ 개구리를 완성했습니다.

눈 다는 법

프렌치 노트 스티치

★10~18의 솔리드아이(3mm)를 대체할 수 있는 자수 기법입니다.
★알기 쉽게 실 색깔을 바꿔서 설명했습니다.
★10~15는 펠트를 몸판에 대고 프렌치 노트 스티치를 합니다.

① 바늘에 실을 꿰고 실이 수를 놓을 코의 가운데에서 겉면으로 나오도록 바늘을 뺍니다.

② 바늘에 실을 세 번 감습니다. 세 번 감은 모습입니다.

③ 바늘을 그대로 잡아당겨 매듭을 만듭니다.

④ 반 코 옆에 바늘을 넣습니다.

⑤ 실을 잡아당깁니다. 프렌치 노트 스티치를 완성했습니다. P.15과 같은 방법으로 매듭을 짓고 실을 처리합니다.

STEP 1

귀요미 딸기

동그란 모양을 조금 변형하면 되는
과일 친구들 중 첫 번째!
새콤하고 예쁜 딸기가 앙증맞게 웃어요.

HOW TO MAKE
P.36
사용한 실
하마나카 러브 보니
크기 4cm

귤&자몽

수줍게 웃는 과일 친구들.
볼이 통통한 형제 같지요!
달랑 달린 이파리가 눈길을 끌어요.

HOW TO MAKE
P.36

사용한 실
하마나카 러브 보니
크기 22 4cm
23 5cm

체리

깜찍한 체리는 사이좋은 쌍둥이예요.
핀을 달아서 가방이나 옷에 장식해 보세요.

HOW TO MAKE
P.36

사용한 실
하마나카 러브 보니
크기 5.5cm

P.34, 35   19~25   귀요미 딸기, 귤&자몽, 체리 뜨는 법

사용 실

하마나카 러브 보니

19, 20 빨강(111) 3g씩, 초록(115) 조금씩
21 진한 분홍(110) 3g, 녹연두(124) 조금
22 진한 노랑(106) 4g, 초록(115) 조금
23 크림색(104) 6g, 초록(115) 조금
24, 25 빨강(111) 2g씩, 초록(115) 조금씩

그 외의 재료

19~25 공통

수예용 솜 적당히, 5번 자수실(19, 20, 24, 25 연한 분홍, 19, 21 검정, 21~23 빨강) 적당히
★5번 자수실은 1겹으로 사용합니다.

20, 21

인형 눈(하마나카 솔리드아이 검정 4.5mm)
20 2개, 21 1개

22, 23

인형 눈(하마나카 솔리드아이 검정 5mm) 2개씩

24, 25

인형 눈(하마나카 솔리드아이 검정 3mm) 4개씩
★3mm의 솔리드아이는 프렌치 노트 스티치(P.33)로 대체할 수 있습니다.

24

하마나카 안전 커브핀(H231-003-1) 1개

바늘

하마나카 코바늘 6/0호

뜨는 법

19~21

1. 실로 원형코를 만들어서 몸판을 뜹니다.
2. 몸판에 솜을 넣고 조여서 막습니다.
3. 꼭지, 입, 눈(19, 21)을 수놓습니다.
4. 인형 눈을 달아 줍니다(20, 21).

22, 23

1. 실로 원형코를 만들어서 몸판을 뜹니다.
2. 몸판에 솜을 넣고 조여서 막습니다.
3. 사슬뜨기로 기초코를 잡아 잎을 떠서 몸판에 답니다.
4. 입을 수놓고 인형 눈을 달아 줍니다.

24, 25

1. 실로 원형코를 만들어서 몸판을 뜹니다.
2. 몸판에 솜을 넣고 조여서 막습니다.
3. 사슬뜨기로 기초코를 잡아 줄기와 잎을 떠서 몸판에 답니다.
4. 입을 수놓고 인형 눈을 달아 줍니다.

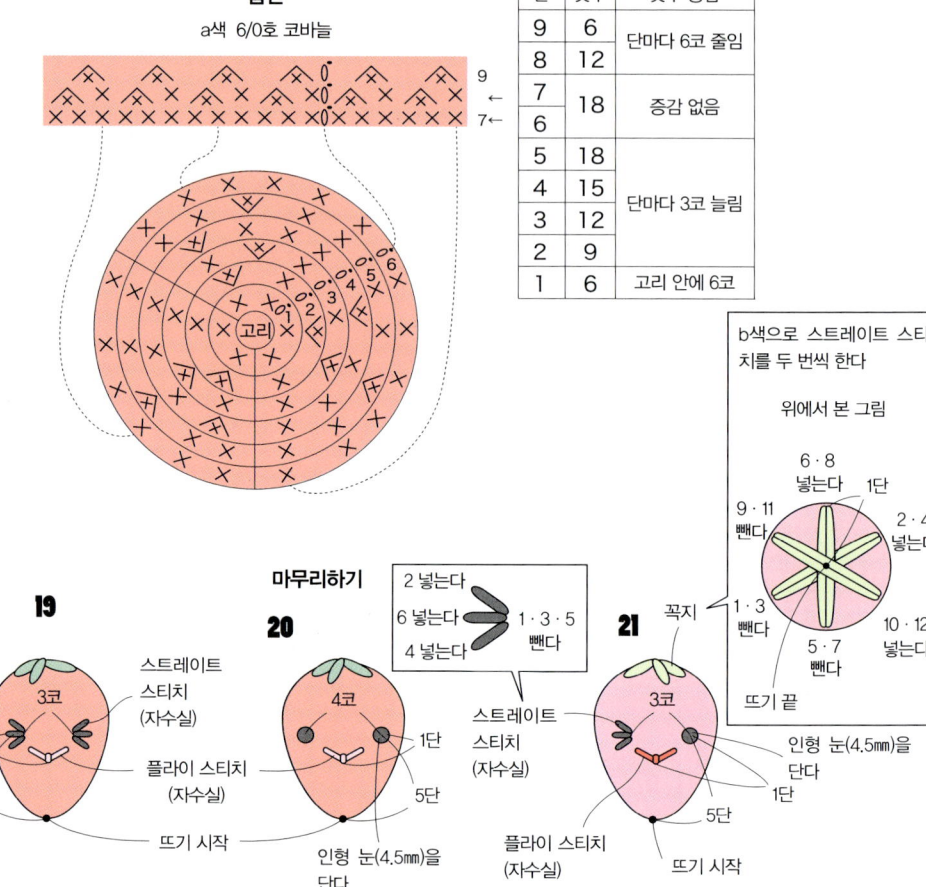

배색	a색	b색
19·20	빨강	초록
21	진한 분홍	녹연두

단	콧수	콧수 증감
9	6	단마다 6코 줄임
8	12	
7	18	증감 없음
6	18	
5	18	
4	15	단마다 3코 늘림
3	12	
2	9	
1	6	고리 안에 6코

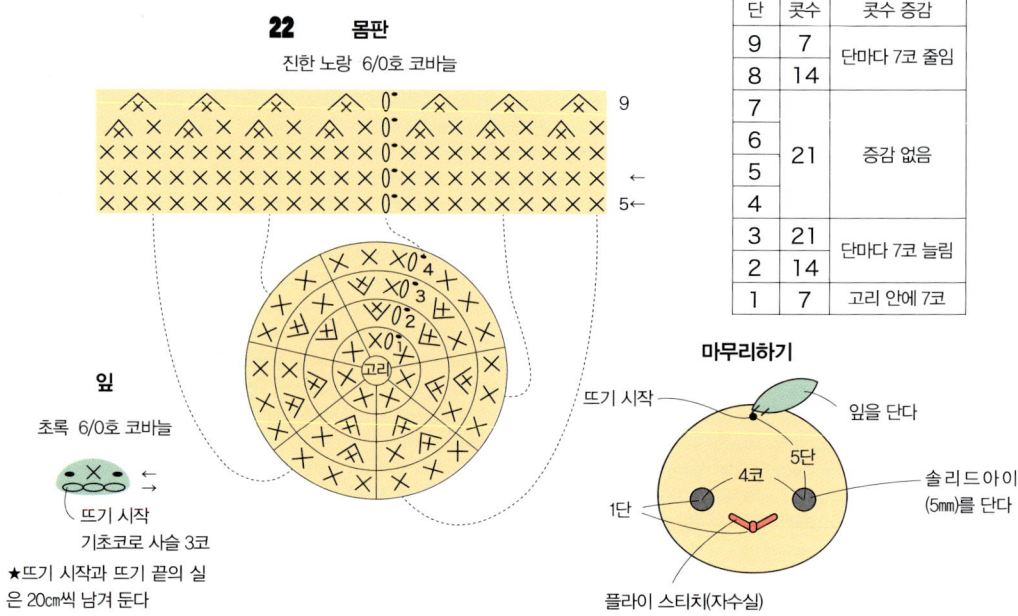

단	콧수	콧수 증감
9	7	단마다 7코 줄임
8	14	
7	21	증감 없음
6	21	
5	21	
4	21	
3	21	단마다 7코 늘림
2	14	
1	7	고리 안에 7코

23

몸판

크림색 6/0호 코바늘

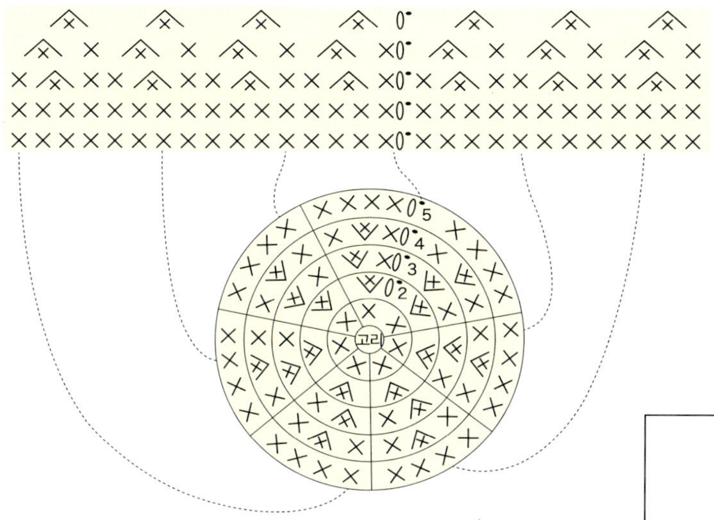

10
6←
고리

단	콧수	콧수 증감
10	7	단마다 7코 줄임
9	14	
8	21	
7	28	증감 없음
6		
5		
4	28	단마다 7코 늘림
3	21	
2	14	
1	7	고리 안에 7코

★잎 뜨는 법은 P.36의 **22**와 같음

마무리하기

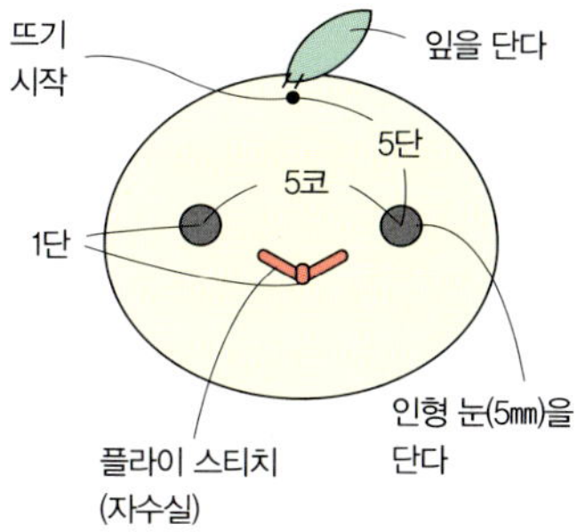

뜨기 시작
잎을 단다
5단
5코
1단
플라이 스티치 (자수실)
인형 눈(5㎜)을 단다

24·25

마무리하기

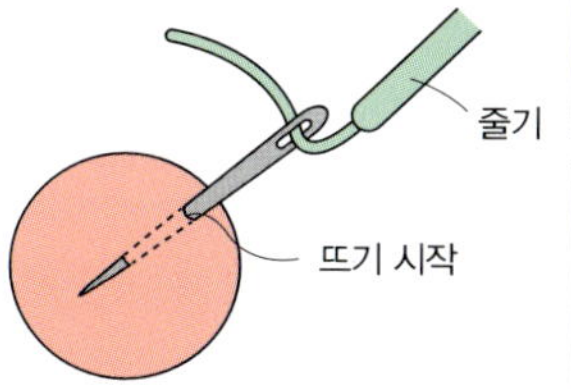

줄기의 실을 돗바늘에 꿰고, 몸판의 뜨기 시작의 원형코에 바늘을 넣어 적당한 곳에서 빼서 매듭을 짓고 실을 처리한다
줄기
뜨기 시작

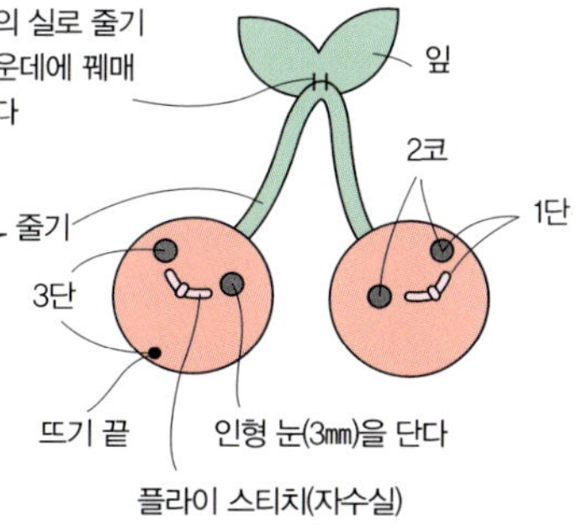

잎의 실로 줄기 가운데에 꿰매 준다
잎
2코
1단
줄기
3단
뜨기 끝
인형 눈(3㎜)을 단다
플라이 스티치(자수실)

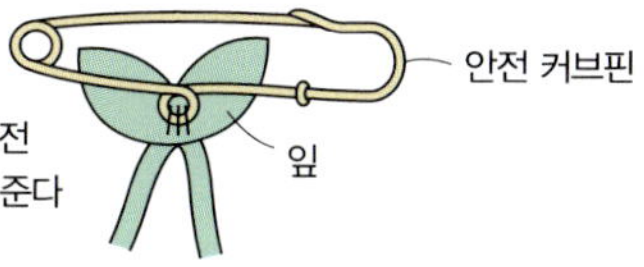

안전 커브핀
잎

★**24**는 잎 뒤쪽에 안전 커브핀(옷핀)을 꿰매 준다

줄기

초록 6/0호 코바늘

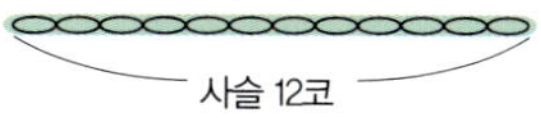

사슬 12코

잎

초록 6/0호 코바늘

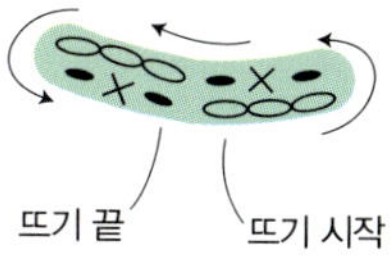

뜨기 끝
뜨기 시작

★줄기, 잎의 뜨기 시작과 뜨기 끝의 실은 20㎝씩 남겨 둔다

몸판(2개)

빨강 6/0호 코바늘

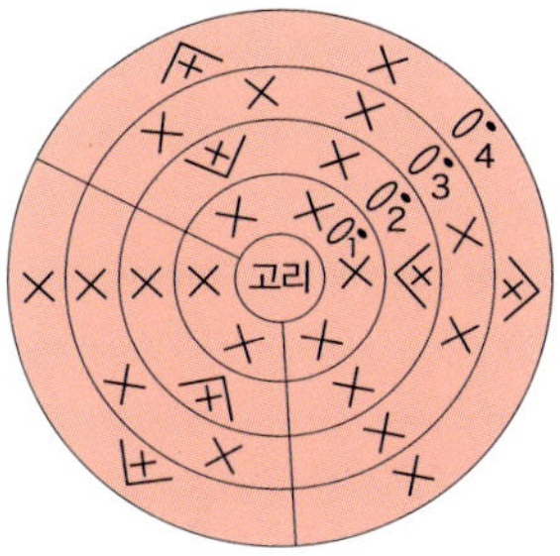

고리

단	콧수	콧수 증감
4	6	3코 줄임
3	9	증감 없음
2	9	3코 늘림
1	6	고리 안에 6코

22 귤, **23** 자몽 잎 다는 법

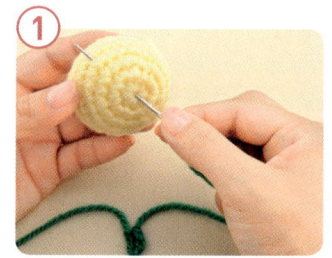

① 잎의 뜨기 시작의 실을 돗바늘에 꿰고, 사진처럼 몸판 뜨기 시작의 원형코 안으로 바늘을 넣어 적당한 곳에서 뺍니다.

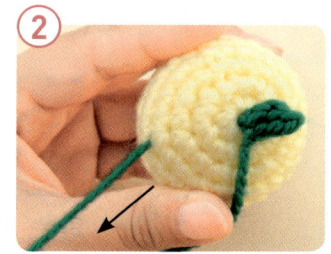

② 실을 당겨서 매듭을 짓고 실을 처리합니다.

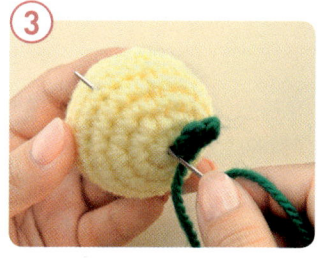

③ 잎의 뜨기 끝의 실을 돗바늘에 꿰고, 1과 같은 방법으로 몸판 뜨기 시작의 원형코 안으로 바늘을 넣어 적당한 곳에서 뺍니다.

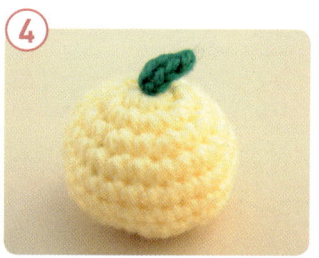

④ 실을 당겨서 매듭을 짓고 실을 처리합니다. 잎을 달았습니다.

STEP1

펭귄 형제

키 차이가 조금 나는 펭귄 형제!
앞에서 만들었던 친구들을 조금씩 응용했어요.

26

27

놀자

HOW TO MAKE
P.40
사용한 실
하마나카 러브 보니
크기 26 7.5cm
27 6cm

바다 친구들

같은 몸에 각각 다른 부분을 붙여서
문어, 해파리, 고래, 바다표범, 물개를 만들어요.
조금 다른데도 다들 개성이 있죠!

30 고래

28 문어

31 바다표범

29 해파리

32 물개

놀자

HOW TO MAKE
P.42
사용한 실
하마나카 러브 보니
크기 28·29 5cm
30 5.5cm 31·32 4cm

꼬리지느러미는 이렇게

펭귄 형제 뜨는 법 (P.38, 26~27)

사용 실
하마나카 러브 보니
26 진한 파랑(118) 6g, 아이보리(101) 4g, 노랑(105) 조금, 빨강(111) 조금
27 진한 파랑(118) 4g, 아이보리(101) 3g, 노랑(105) 조금, 빨강(111) 조금

그 외의 재료
인형 눈(하마나카 솔리드아이 검정 4.5mm) 2개씩, 수예용 솜 적당히, 펠트(연한 파랑) 11×16mm

바늘
하마나카 코바늘 6/0호

뜨는 법
1 실로 원형코를 만들어서 몸판, 부리, 모자를 뜹니다.
2 몸판에 솜을 넣고 조여서 막습니다.
3 사슬뜨기로 기초코를 잡아서 날개를 뜹니다.
4 부리, 모자, 날개, 인형 눈을 몸판에 달아 줍니다.
5 펠트를 리본 모양으로 잘라서 몸판에 접착제로 붙입니다.

26 몸판
■ = 진한 파랑 □ = 아이보리
6/0호 코바늘

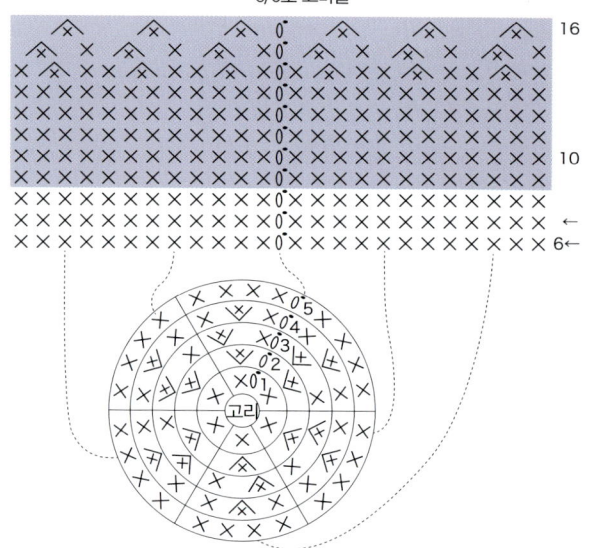

단	콧수	콧수 증감
16	6	단마다 6코 줄임
15	12	
14	18	
13	24	증감 없음
12	24	
11	24	
10	24	
9	24	
8	24	
7	24	
6	24	
5	24	
4	24	단마다 6코 늘림
3	18	
2	12	
1	6	고리 안에 6코

27 몸판
■ = 진한 파랑 □ = 아이보리
6/0호 코바늘

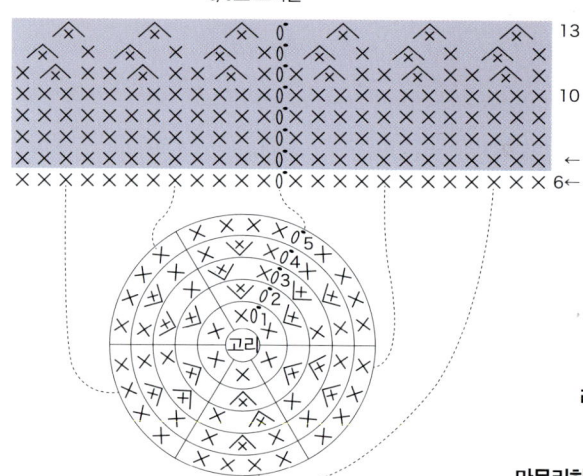

단	콧수	콧수 증감
13	6	단마다 6코 줄임
12	12	
11	18	
10	24	증감 없음
9	24	
8	24	
7	24	
6	24	
5	24	
4	24	단마다 6코 늘림
3	18	
2	12	
1	6	고리 안에 6코

26·27 공통

날개(2장)
진한 파랑 6/0호 코바늘

뜨기 시작
기초코로 사슬 3코
★뜨기 시작과 뜨기 끝의 실은 20cm씩 남겨 둔다

부리
노랑 6/0호 코바늘

단	콧수	콧수 증감
1	8	고리 안에 8코

★솜은 넣지 않는다

모자
빨강 6/0호 코바늘

단	콧수	콧수 증감
2	7	증감 없음
1	7	고리 안에 7코

★솜은 넣지 않는다
★뜨기 시작의 실은 20cm, 뜨기 끝의 실은 40cm 남겨 둔다

리본 실물 크기 종이본

마무리하기
★날개 다는 법은 P.24 참조
★모자 만드는 법, 다는 법은 P.24, 25 참조

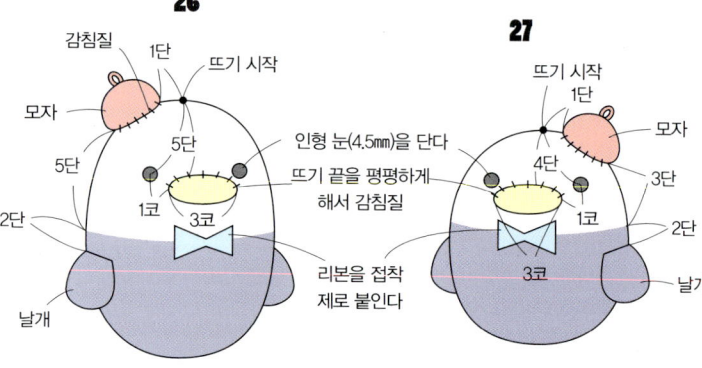

26·27 부리 다는 법 (뜨기 끝을 평평하게 해서 감침질)

① 부리의 뜨기 시작의 실을 짧게 자릅니다.

② 부리의 뜨기 끝의 실을 돗바늘에 꿰고, 사진처럼 바늘을 안쪽에서 넣어 실을 겉면으로 뺍니다.

③ 실이 겉면으로 나왔습니다.

④ 실이 나와 있는 부분이 부리의 옆이 되도록 반으로 접습니다.

⑤ 바늘을 몸판의 부리 다는 자리에 통과시킵니다.

⑥ 그대로 실을 당기고, 사진처럼 부리 짧은뜨기의 머리 사슬 2개를 한 번에 줍습니다.

⑦ 실을 당깁니다.

⑧ 5와 같은 방법으로 바늘을 몸판에 통과시킵니다.

⑨ 실을 당깁니다.

⑩ 6~9를 되풀이하여 부리 끝까지 감칩니다.

⑪ 마지막은 바늘을 부리 옆에 넣어 몸판의 적당한 곳에서 빼서 매듭을 짓고 실을 처리합니다.

⑫ 부리를 달았습니다.

P.39 28~32 바다 친구들 뜨는 법

사용 실
하마나카 러브 보니
28 빨강(111) 7g
29 연한 파랑(116) 7g
30 파랑(117) 5g, 흰색(125) 3g, 크림색(104) 조금
31 아이보리(101) 7g
32 회색(132) 7g

그 외의 재료
28~32 공통
인형 눈(하마나카 솔리드아이 검정 6mm) 2개씩, 수예용 솜 적당히
28
솜방울(빨강 8mm) 1개
29, 30
5번 자수실(빨강) 적당히
★5번 자수실은 1겹으로 사용합니다.
31
인형 눈(하마나카 솔리드아이 검정 3mm) 1개, 5번 자수실(갈색) 적당히
★3mm의 솔리드아이는 프렌치 노트 스티치(P.33)로 대체할 수 있습니다.
32
솜방울(흰색 8mm) 2개

바늘
하마나카 코바늘 6/0호

뜨는 법
1 실로 원형코를 만들어서 몸판을 뜹니다.
2 몸판에 솜을 넣고 조여서 막습니다.
3 사슬뜨기로 기초코를 잡고 꼬리지느러미, 다리, 분수(30)를 떠서 몸판에 달아 줍니다.
4 인형 눈, 솜방울(28, 32)을 달고 수를 놓습니다(29, 30, 31).

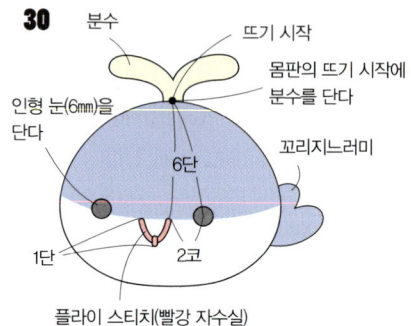

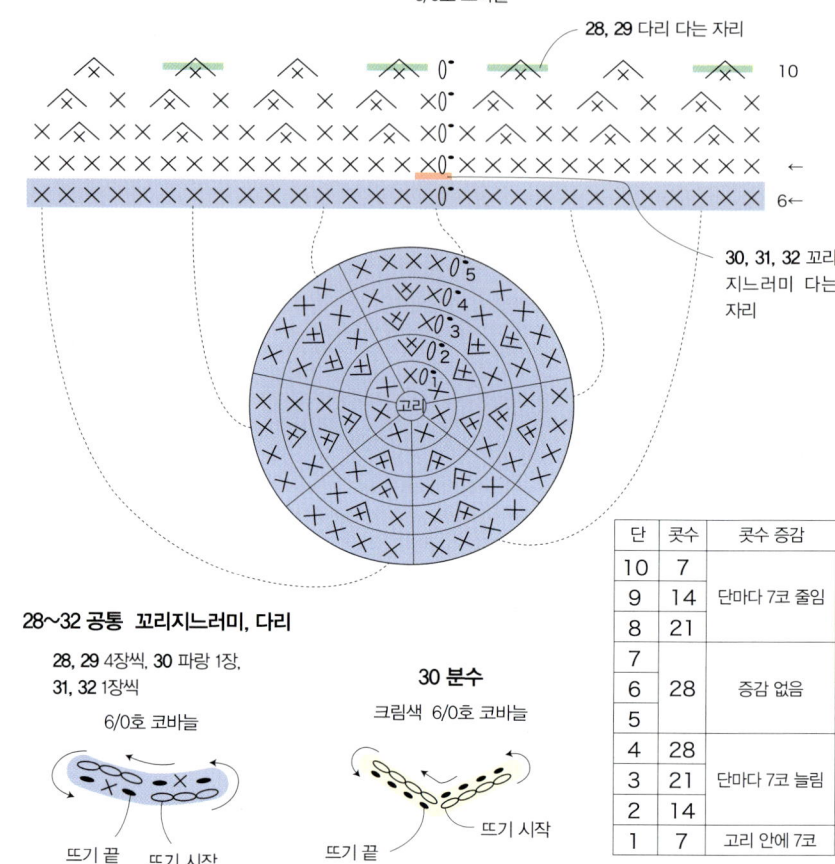

단	콧수	콧수 증감
10	7	단마다 7코 줄임
9	14	
8	21	
7		증감 없음
6	28	
5		
4	28	단마다 7코 늘림
3	21	
2	14	
1	7	고리 안에 7코

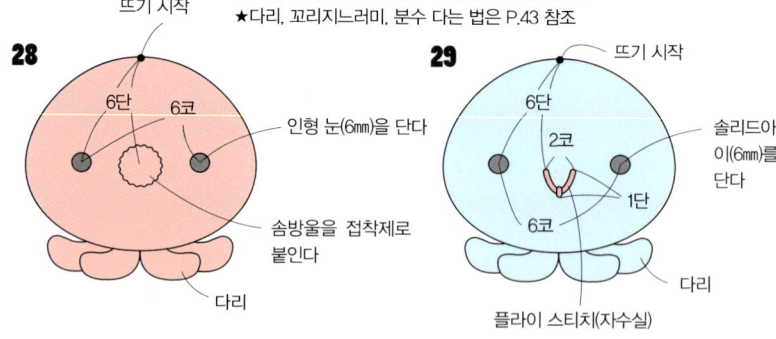

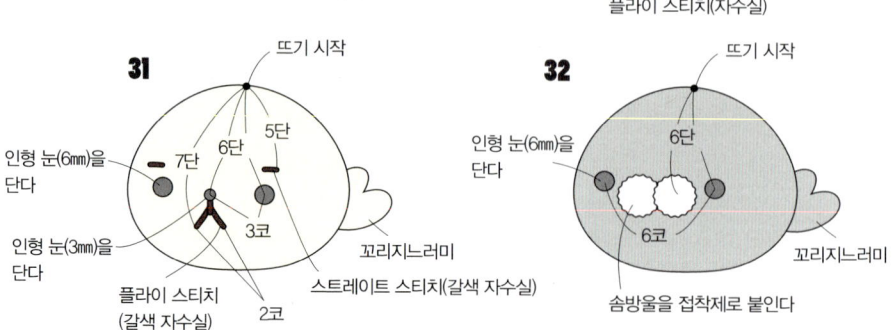

28 문어, 29 해파리 다리 다는 법

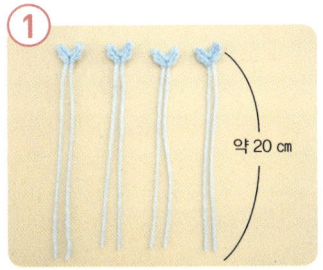
① 다리를 4장 뜹니다. 뜨기 시작과 뜨기 끝의 실은 약 20cm씩 남겨 둡니다.

② 한쪽 실을 돗바늘에 꿰고, 사진처럼 몸판 열째 단의 코에 바늘을 넣어 적당한 곳에서 뺍니다.

③ 매듭을 짓고 실을 처리합니다.

④ 다른 한쪽 실을 돗바늘에 꿰고, 2의 옆 코에 바늘을 넣어 반대쪽 적당한 곳에서 뺍니다.

⑤ 매듭을 짓고 실을 처리합니다. 다리를 1장 달았습니다.

⑥ 다리 둘째 장을 첫째 장 맞은편에 달아 줍니다.

⑦ 셋째, 넷째 장을 같은 방법으로 달아 줍니다.

30 고래 꼬리지느러미와 분수 다는 법
★31 바다표범, 32 물개 꼬리지느러미도 같은 방법으로 답니다.

① 꼬리지느러미의 한쪽 실을 돗바늘에 꿰고, 몸판 여섯째 단과 일곱째 단의 경계에 화살표처럼 바늘을 넣어 적당한 곳에서 뺍니다. 매듭을 짓고 실을 처리합니다.

② 다른 한쪽 실도 1의 옆 코에 바늘을 넣어 같은 방법으로 처리합니다. 꼬리지느러미를 달았습니다.

③ 분수의 한쪽 실을 돗바늘에 꿰니다.

④ 몸판의 뜨기 시작에 바늘을 넣어 적당한 곳에서 빼서 매듭을 짓고 실을 처리합니다.

⑤ 다른 한쪽 실도 4와 같은 곳에 바늘을 넣어 같은 방법으로 처리합니다. 분수를 달았습니다.

STEP2

이제 동그란 몸판 두 개를 잇고
실도 다양하게 바꿔가면서
다른 친구들을 만들어 보아요!

사이좋은 야옹이

무늬가 있어도 없어도, 색깔이 달라도
사이가 좋아 우르르 몰려다녀요.
동그랗게 말린 꼬리가 매력 포인트랍니다.

어떤 걸로 할까?

압~ 대단하지!

HOW TO MAKE
P. 46
사용한 실
하마나카 피콜로
크기 6.5cm

사이좋은 야옹이 뜨는 법

P.44 33~37

사용 실
하마나카 피콜로
33 회색(34) 6g, 밝은 회색(33) 조금
34 흐린 갈색(38) 6g, 연한 황갈색(21) 조금
35 황토색(27) 6g, 빨간 갈색(29) 조금
36 검정(20) 6g
37 아이보리(2) 6g, 연한 황갈색(21) 조금, 빨간 갈색(29) 조금

그 외의 재료
33~37 공통
인형 눈(하마나카 솔리드아이 검정 6mm) 2개씩, 인형 눈(하마나카 솔리드아이 검정 5mm) 1개씩, 솜방울(흰색 10mm) 2개씩, 수예용 솜 적당히

바늘
하마나카 코바늘 4/0호

뜨는 법
1 실로 원형코를 만들어서 짧은뜨기로 머리, 몸, 귀, 무늬(37)를 뜨고, 머리와 몸에 솜을 넣습니다. 몸을 뜨는 도중에 꼬리를 떠 줍니다.
2 머리와 몸을 감침질로 잇고, 꼬리를 몸에 꿰맵니다.
3 무늬를 수놓습니다(33, 35).
4 머리에 귀, 인형 눈, 솜방울을, 몸에 무늬(37)를 달아 줍니다.

머리
a색 4/0호 코바늘

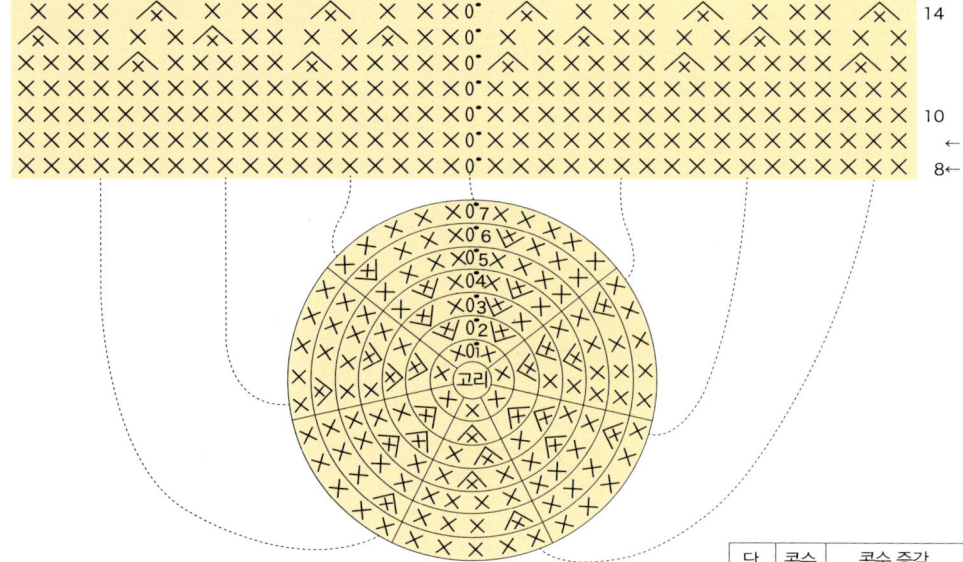

단	콧수	콧수 증감
14	20	단마다 5코 줄임
13	25	
12	30	
11	35	증감 없음
10	35	
9	35	
8	35	
7	35	
6	35	7코 늘림
5	28	증감 없음
4	28	단마다 7코 늘림
3	21	
2	14	
1	7	고리 안에 7코

귀(2장)
33, 35, 36 a색
34 b색 37 b색, c색 1장씩
4/0호 코바늘

단	콧수	콧수 증감
2	6	2코 늘림
1	4	고리 안에 4코

★솜은 넣지 않는다

배색
	a색	b색	c색
33	회색	밝은 회색	
34	흐린 갈색	연한 황갈색	
35	황토색	빨간 갈색	
36	검정		
37	아이보리	연한 황갈색	빨간 갈색

몸
a색 4/0호 코바늘

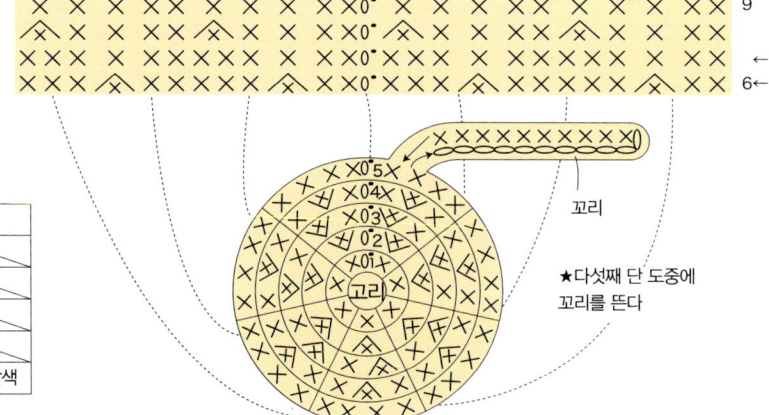

꼬리

★다섯째 단 도중에 꼬리를 뜬다

단	콧수	콧수 증감
9	20	증감 없음
8	20	4코 줄임
7	24	증감 없음
6	24	4코 줄임
5	28	도안 참조
4	28	단마다 7코 늘림
3	21	
2	14	
1	7	고리 안에 7코

마무리하기
33~37 공통

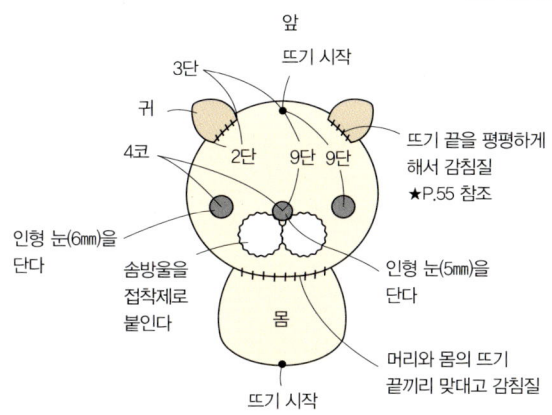
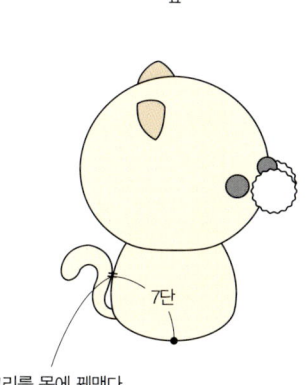

33, 35
무늬 수놓기 (P.49 참조)

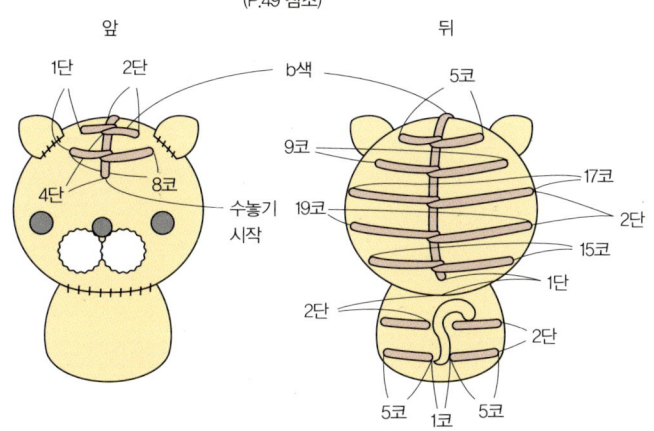

37
귀와 무늬 배색

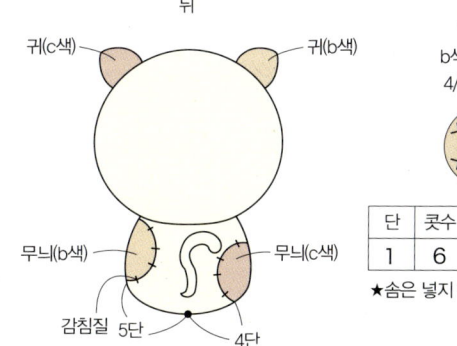

37 무늬
b색, c색 1장씩
4/0호 코바늘

단	콧수	콧수 증감
1	6	고리 안에 6코

★솜은 넣지 않는다

꼬리 뜨는 법

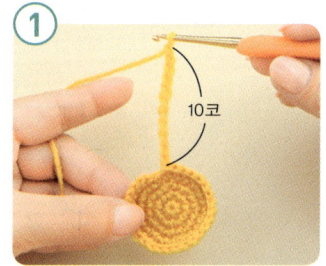

① 몸 다섯째 단을 꼬리의 앞 코까지 뜨고 나서, 사슬뜨기를 10코 합니다. 이것이 꼬리의 기초코가 됩니다.

② 기둥코로 사슬 1코를 뜨고, 화살표처럼 열째 사슬의 사슬코 산에 바늘을 넣습니다.

③ 바늘에 실을 걸고 화살표처럼 끌어냅니다.

④ 바늘에 실을 걸고 화살표처럼 한 번에 빼냅니다.

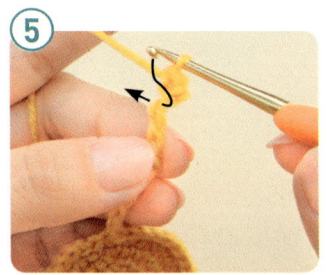

⑤ 짧은뜨기를 1코 했습니다. 다음 코부터도 화살표처럼 앞 코에 바늘을 넣고 같은 방법으로 짧은뜨기를 합니다.

⑥ 짧은뜨기를 10코 한 모습입니다. 꼬리를 완성했습니다. 화살표처럼 바늘을 넣고 몸의 다섯째 단 나머지를 이어서 뜹니다.

⑦ 몸 다섯째 단을 떴습니다.

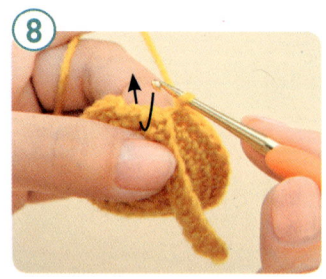

⑧ 몸 여섯째 단의 짧은뜨기는 꼬리가 겉으로 나오게 접고 화살표처럼 바늘을 넣어서 뜹니다.

머리와 몸 잇는 법
(머리와 몸의 뜨기 끝끼리 맞대고 감침질)

⑨ 여섯째 단 짧은뜨기를 다 한 모습입니다. 화살표처럼 바늘을 넣고 단의 마지막 빼뜨기를 합니다.

⑩ 계속해서 뜹니다. 몸을 다 뜬 모습입니다. 꼬리는 뜨개조직 밖으로 나와 있습니다.

① 머리와 몸에 솜을 넣습니다. 몸의 실은 5~8cm 남기고 잘라서 몸속으로 집어넣습니다. 머리의 실은 약 40cm 남겨서 자르고 돗바늘에 꿰어 둡니다.

② 바늘을 안쪽에서 넣어 머리의 실을 겉면으로 뺀 뒤에 몸과 머리의 마지막 단 짧은뜨기의 머리 사슬을 각각 줍습니다.

③ 실을 당깁니다.

④ 같은 방법으로 1코씩 바늘을 넣어서 몸과 머리를 교대로 줍습니다. 당긴 실은 느슨해지지 않도록 손가락으로 누르고 있습니다.

⑤ 한 바퀴 돌면서 머리와 몸을 이었습니다. 마지막은 머리의 적당한 곳에서 바늘을 뺍니다.

⑥ 매듭을 짓고, ⑤에서 바늘을 뺀 곳에 다시 바늘을 넣어 몸에 꼬리를 꿰맬 자리에서 뺍니다.

⑦ ⑥의 매듭을 머리 속으로 당겨서 넣고, 사진처럼 꼬리를 줍습니다.

⑧ ⑥에서 바늘을 뺀 곳에 한 번 더 바늘을 넣어 적당한 곳에서 뺍니다.

⑨ 실을 당겨서 매듭을 짓고 실을 처리합니다.

⑩ 머리와 몸을 잇고 꼬리를 꿰맸습니다.

33, 35 무늬 수놓기

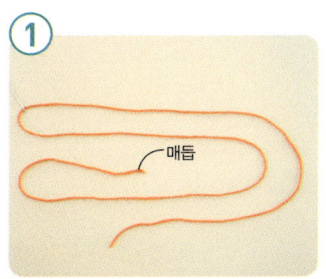
① 수놓을 실에 매듭을 짓고 돗바늘에 꿰ㅂ니다.

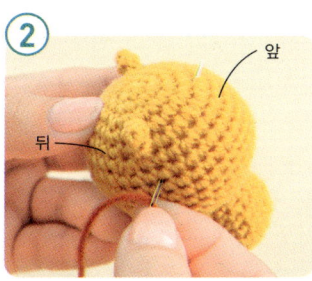
② 바늘을 적당한 곳에 넣어 수놓기 시작할 자리에서 뺍니다.

③ 실을 당겨서 매듭 부분을 머리 속으로 들어가게 합니다.

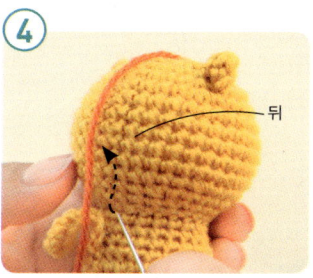
④ 바늘을 머리와 몸의 경계에 넣습니다.

⑤ 바늘을 머리 위쪽의 다음 수놓을 자리에서 뺍니다.

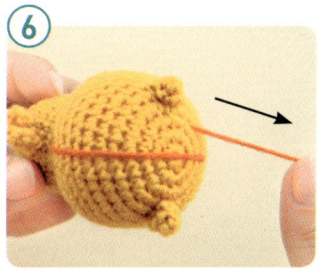
⑥ 실을 당깁니다. 머리 뒤에 세로로 실이 걸쳐졌습니다.

⑦ 세로로 걸쳐진 실을 줍습니다.

⑧ 실을 당깁니다.

⑨ 바늘을 사진처럼 같은 단에 넣어 다음 수놓을 자리에서 뺍니다.

⑩ 7과 같은 방법으로 세로로 걸쳐진 실을 줍습니다.

⑪ 실을 당기고 바늘을 사진처럼 넣어 다음 수놓을 자리에서 뺍니다.

⑫ 10~11을 되풀이합니다.

⑬ 머리에 수를 다 놓으면 몸에 수놓을 자리에서 바늘을 뺍니다.

⑭ 꼬리를 꿰맨 자리를 줍습니다.

⑮ 꼬리 양쪽에 스트레이트 스티치를 두 번씩 하고, 마지막은 적당한 곳에서 바늘을 빼서 매듭을 짓고 실을 처리합니다.

⑯ 수를 다 놓았습니다.

숲 속 친구들

가는 실로 뜨면 더 작은 친구들이 되지요.
O링을 달면 핸드폰 고리, 열쇠고리, 이어캡 등으로
무궁무진하게 사용할 수 있답니다!

HOW TO MAKE
P.52
사용한 실 하마나카 피콜로
크기 38·40·41·42 5.5cm
39 6cm 43 6.5cm
44 5cm

뭐 하니?

숲속친구들 뜨는 법 (P.50 38~44)

사용 실

하마나카 피콜로
38 진한 노랑(25) 4g, 파랑(13) 조금
39 연한 파랑(12) 4g, 빨강(6) 조금
40 녹연두(9) 4g, 주황(7) 조금
41 흰색(1) 3g, 검정(20) 조금, 밝은 보라(14) 조금
42 살구색(3) 4g, 초록(14) 조금
43 연한 분홍(4) 4g, 노랑(25) 조금, 빨강(6) 조금
44 빨간 갈색(29) 3g, 베이지(16) 조금, 연한 파랑(12) 조금

그 외의 재료

38~44 공통
인형 눈(하마나카 솔리드아이 검정 4.5mm) 2개씩, 하마나카 핸드폰 줄(38~40 H230-127-2 파랑, 41~43 H230-127-1 빨강, 44 H230-127-3 갈색) 1개씩, 수예용 솜 적당히

38
인형 눈(하마나카 솔리드아이 검정 3mm) 1개, 펠트(흰색) 12×10mm

39
인형 눈(하마나카 솔리드아이 검정 3mm) 1개, 솜방울(H221-108-9 흰색 8mm) 2개

40
인형 눈(하마나카 솔리드아이 검정 2mm) 2개, 5번 자수실(빨강) 적당히
★5번 자수실은 1겹으로 사용합니다.

41
인형 눈(하마나카 솔리드아이 검정 3mm) 1개, 펠트(검정) 16×10mm

44
인형 눈(하마나카 솔리드아이 검정 4mm) 1개, 5번 자수실(흑갈색, 빨강) 적당히
★2~3mm의 솔리드아이는 프렌치 노트 스티치(P.33)로 대체할 수 있습니다.

바늘

하마나카 코바늘 4/0호

뜨는 법

1 실로 원형코를 만들어서 머리, 몸, 귀(40은 눈), 코(42)를 뜹니다.
2 머리에 솜을 넣고 조여서 막습니다.
3 몸에 솜을 넣고, 머리와 몸을 감침질로 잇습니다.
4 머리에 각 부분을 달고 수를 놓습니다(40, 43, 44).
5 목에 리본을 감고 머리에 고리와 핸드폰 줄을 달아 줍니다.

머리

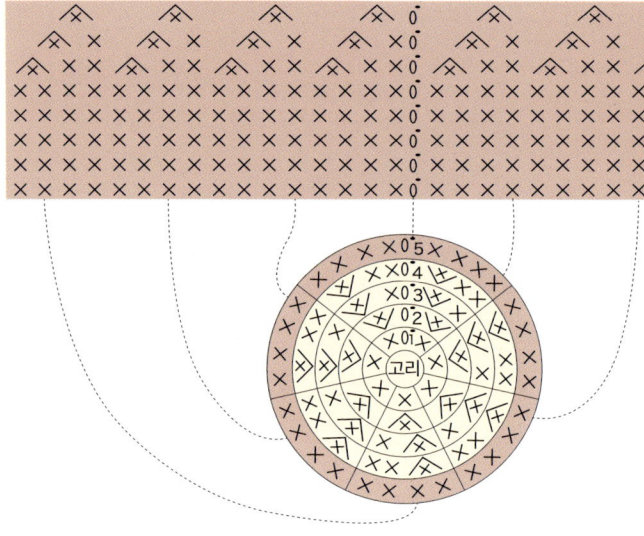

44의 배색 □ = c색 ■ = a색   38~43은 모두 a색으로 뜬다
4/0호 코바늘

단	콧수	콧수 증감
13	7	단마다 7코 줄임
12	14	
11	21	
10	28	증감 없음
9	28	
8	28	
7	28	
6	28	
5	28	
4	28	단마다 7코 늘림
3	21	
2	14	
1	7	고리 안에 7코

몸

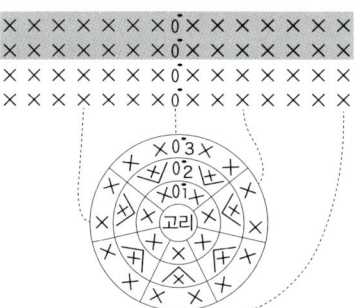

41의 배색 □ = a색 ■ = c색
38~40, 42~44는 모두 a색으로 뜬다
4/0호 코바늘

단	콧수	콧수 증감
7	14	증감 없음
6	14	
5	14	
4	14	
3	14	
2	14	7코 늘림
1	7	고리 안에 7코

38, 41 귀, 40 눈(2장)

38, 40 a색, 41 c색 4/0호 코바늘

단	콧수	콧수 증감
2	6	증감 없음
1	6	고리 안에 6코

★솜은 넣지 않는다

39 귀(2장)

a색 4/0호 코바늘

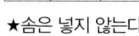

단	콧수	콧수 증감
3	9	3코 늘림
2	6	2코 늘림
1	4	고리 안에 4코

★솜은 넣지 않는다

배색

	a색	b색	c색
38	진한 노랑	파랑	
39	연한 파랑	빨강	
40	녹연두	주황	
41	흰색	밝은 보라	검정
42	살구색	초록	
43	연한 분홍	노랑	
44	빨간 갈색	연한 파랑	베이지

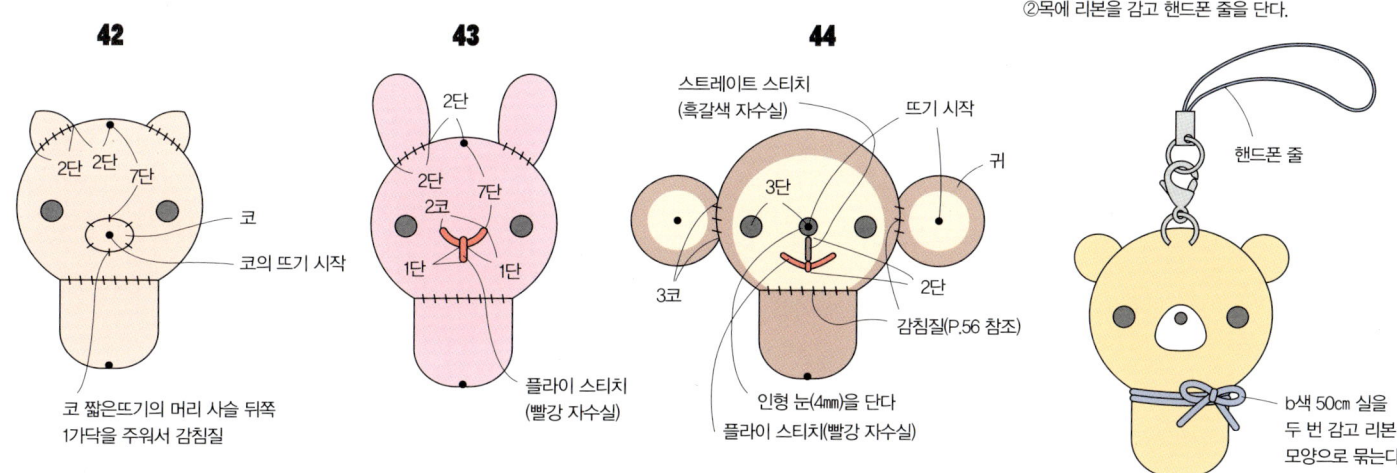

38~43 머리 만드는 법

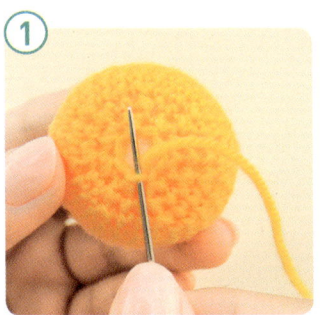
① 머리에 솜을 넣고 뜨기 끝을 조여서 막습니다.

② 실을 적당한 곳으로 빼서 매듭을 짓고 실을 처리합니다. 머리를 완성했습니다.

머리와 몸 잇는 법(감침질)

① 몸에 솜을 넣고 실을 돗바늘에 뀁니다.

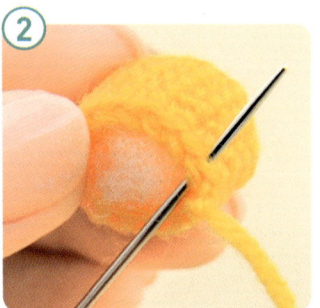
② 바늘을 사진처럼 안쪽에서 넣어 실을 겉면으로 빼냅니다.

③ 실을 당깁니다.

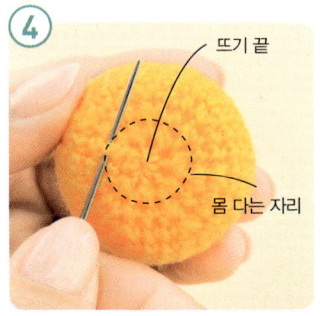
④ 바늘을 머리의 열한째 단과 열두째 단 사이로 통과시킵니다.

뜨기 끝
몸 다는 자리

⑤ 바늘을 몸의 마지막 단 짧은뜨기의 머리 사슬에 넣습니다.

⑥ 바늘을 넣은 모습입니다.

⑦ 그대로 바늘을 4에서 바늘을 뺀 곳에 넣어 옆 코에서 뺍니다.

⑧ 한 바퀴 돌면서 5~7을 되풀이합니다.

⑨ 마지막은 바늘을 머리의 적당한 곳에서 빼서 매듭을 짓고 실을 처리합니다.

⑩ 머리와 몸을 이었습니다.

38, 39, 41, 42, 43 귀, 40 눈 다는 법(뜨기 끝을 평평하게 해서 감침질)

① 귀의 뜨기 시작의 실은 안쪽에서 짧게 잘라 둡니다. 시침핀을 이용해서 귀의 자리를 정합니다.

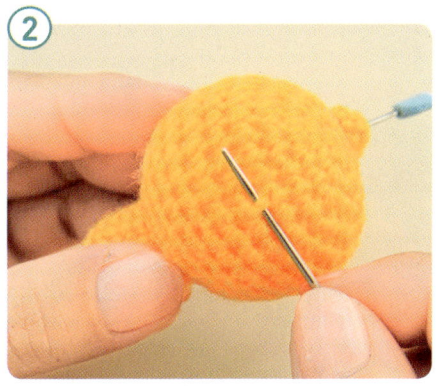

② 귀의 뜨기 끝의 실을 돗바늘에 꿰고, 안쪽에서 바늘을 넣어 실을 겉면으로 뺀 뒤에 사진처럼 머리에 귀를 달 자리에 통과시킵니다.

③ 실을 당깁니다.

④ 사진처럼 귀의 마지막 단 짧은뜨기의 머리 사슬 2개를 한 번에 줍습니다.

⑤ 실을 당깁니다.

⑥ ②에서 머리에 바늘을 통과시킨 옆 단에 바늘을 통과시키고 실을 당깁니다.

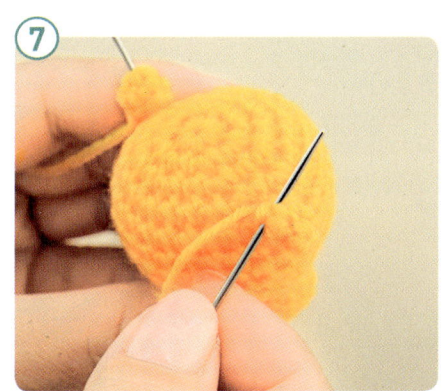

⑦ ④~⑥을 되풀이합니다.

⑧ 마지막은 바늘을 적당한 곳에서 빼서 매듭을 짓고 실을 처리합니다.

⑨ 다른 한쪽 귀도 같은 방법으로 달아 줍니다. 양쪽 귀를 달았습니다.

44 귀 다는 법(감침질)

① 뜨기 시작의 실을 짧게 자르고, 뜨기 끝의 실을 돗바늘에 꿰어 귀의 뜨기 끝을 조여서 막습니다.

② 조인 코의 가운데에 바늘을 넣어 귀 옆(둘째 단과 셋째 단 사이)에서 뺍니다.

③ 머리의 귀 다는 자리에 바늘을 통과시키고 실을 당깁니다.

④ 사진처럼 귀에 바늘을 넣고 실을 당깁니다.

⑤ 사진처럼 3에서 바늘을 넣은 옆 코에 바늘을 넣습니다.

⑥ 4~5를 두 번 더 되풀이합니다.

⑦ 마지막은 바늘을 머리 뒤쪽의 적당한 곳에서 빼서 매듭을 짓고 실을 처리합니다.

⑧ 다른 한쪽 귀도 같은 방법으로 답니다. 양쪽 귀를 달았습니다.

머리와 몸 잇는 법(감침질)

① 몸에 솜을 넣고, 뜨기 끝의 실을 돗바늘에 꿰어 바늘을 안쪽에서 넣어 실을 겉면으로 뺀 뒤에 사진처럼 머리에 통과시킵니다.

② 실을 당깁니다.

③ 몸의 마지막 단 짧은뜨기의 머리 사슬을 줍고, 머리에서 바늘을 뺀 곳에 바늘을 넣어 바로 옆에서 뺍니다.

④ 한 바퀴 돌면서 3을 되풀이합니다.

⑤ 마지막은 실을 머리의 적당한 곳에서 빼서 매듭을 짓고 실을 처리합니다. 머리와 몸을 이었습니다.

38~44 리본 다는 법

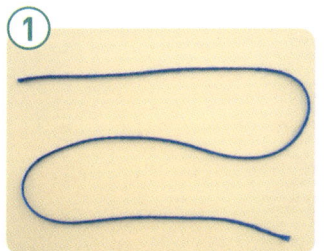
① b색 실을 약 50㎝로 자릅니다.

② 목에 2바퀴 감습니다.

③ 목 왼쪽 앞에서 한 번 묶습니다.

④ 리본을 매 줍니다.

⑤ 리본 모양으로 묶은 모습입니다. 남는 실은 자릅니다.

⑥ 리본 매듭을 고정하기 위해서 매듭에 접착제를 조금 칠합니다.

⑦ 실 끝이 풀리는 것을 막기 위해 실 끝에도 접착제를 조금 칠합니다.

⑧ 접착제를 손가락으로 비벼서 스며들게 하고 말립니다.

O링과 고리 다는 법

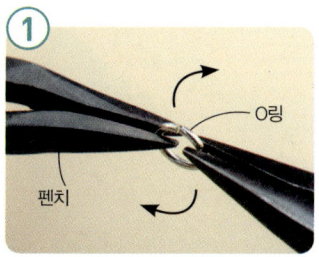
① 펜치나 집게 등으로 O링의 이음매를 위로 오게 집고, 화살표처럼 손을 회전시키듯이 해서 이음매를 벌립니다.

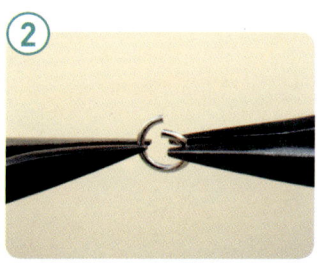
② 이음매가 벌어졌습니다.

③ O링으로 머리의 코를 줍습니다.

④ O링에 게 고리를 끼웁니다.

⑤ 1과는 반대로 회전시켜 이음매를 원래대로 닫습니다.

⑥ 이음매가 원래대로 돌아왔습니다.

⑦ O링과 게 고리를 달았습니다.

⑧ 게 고리에 휴대전화 줄을 달아 줍니다. 동물 장식 고리를 완성했습니다. 이어캡 등으로 응용할 수 있습니다.

STEP2

HOW TO MAKE
P.60
사용한 실
45 하마나카 보니
46 하마나카 러브 보니
47 하마나카 피콜로
크기 45 16cm 46 13cm
47 9cm

45 46 47

마트료시카

실 굵기를 조금씩 달리해서 크기를 줄였어요.
키 순서대로 나란히 서니까 소풍을 가는 것 같죠.

가지각색 버섯

색이 알록달록한 버섯에
물방울무늬와 줄무늬를 넣어가며 만들어요.
향긋한 냄새가 날 것 같지 않나요?

HOW TO MAKE
P.67
사용한 실
하마나카 코로포쿠루
크기 4cm

P.58 45~47 마트료시카 뜨는 법

★각 부분은 모두 45 7.5/0호 코바늘
46 6/0호 코바늘 47 4/0호 코바늘로 뜹니다.

사용 실

45 하마나카 보니 빨강(429) 35g, 살구색(497) 25g, 남색(473) 10g, 아이보리(442) 7g, 빨간 갈색(483) 조금

46 하마나카 러브 보니 파랑(117) 20g, 살구색(102) 15g, 진한 빨강(112) 6g, 아이보리(101) 5g, 빨간 갈색(108) 조금

47 하마나카 피콜로 진한 노랑(25) 6g, 살구색(3) 5g, 밝은 보라(14) 2g, 아이보리(2) 1g, 빨간 갈색(29) 조금

45~47 공통 하마나카 피콜로 분홍(5) 조금

그 외의 재료

45~47 공통
수예용 솜 적당히

45
인형 눈(하마나카 야마타카 단추눈 검정 10mm) 2개

46
인형 눈(하마나카 야마타카 단추눈 검정 8mm) 2개

47
인형 눈(하마나카 솔리드아이 검정 6mm) 2개

바늘

45 하마나카 코바늘 7.5/0호
46 하마나카 코바늘 6/0호
47 하마나카 코바늘 4/0호

뜨는 법

1 실로 원형코를 만들어서 짧은뜨기로 머리, 몸, 두건을 뜹니다.
2 머리에 솜을 넣고 조여서 막고, 코를 수놓습니다.
3 머리에 두건을 씌우고 꿰매 줍니다.
4 몸에 솜을 넣고 머리와 몸을 감침질로 잇습니다.
5 사슬뜨기로 기초코를 잡아서 짧은뜨기로 망토를 뜨고 몸에 꿰매 줍니다.
6 머리카락을 수놓습니다.
7 머리에 인형 눈(45, 46은 단추눈, 47은 솔리드아이)을 달고 입을 수놓습니다.

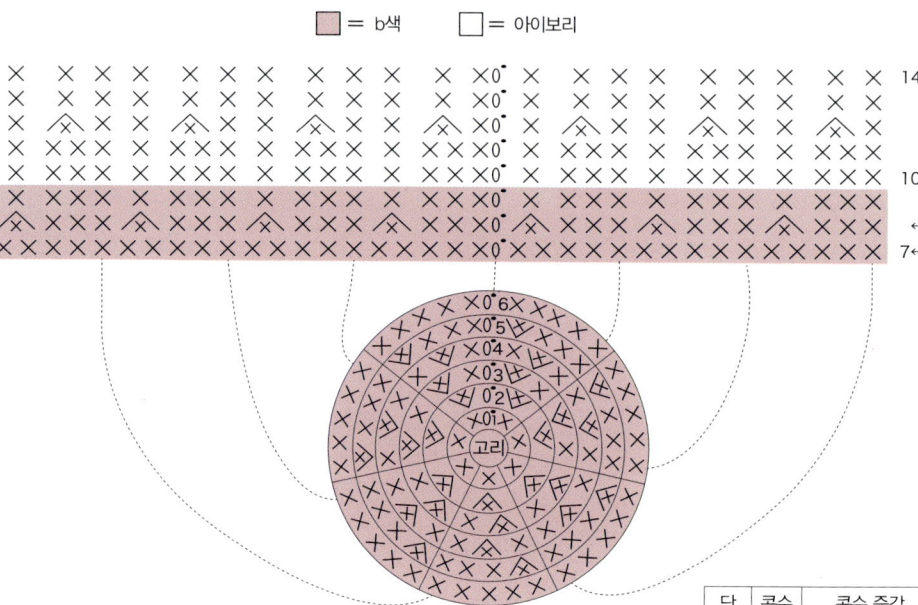

몸

■ = b색 □ = 아이보리

배색

	a색	b색
45	빨강	남색
46	파랑	진한 빨강
47	진한 노랑	밝은 보라

단	콧수	콧수 증감
14	21	증감 없음
13	21	
12	21	7코 줄임
11	28	증감 없음
10	28	
9	28	
8	28	7코 줄임
7	35	증감 없음
6	35	
5	35	단마다 7코 늘림
4	28	
3	21	
2	14	
1	7	고리 안에 7코

망토

■ = a색 □ = 아이보리

★a색의 뜨기 시작과 뜨기 끝의 실은 50cm씩 남겨 둔다

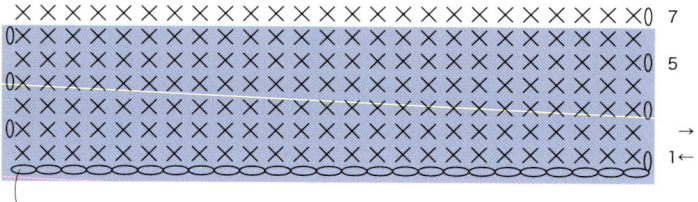

뜨기 시작
기초코로 사슬 25코

머리
살구색

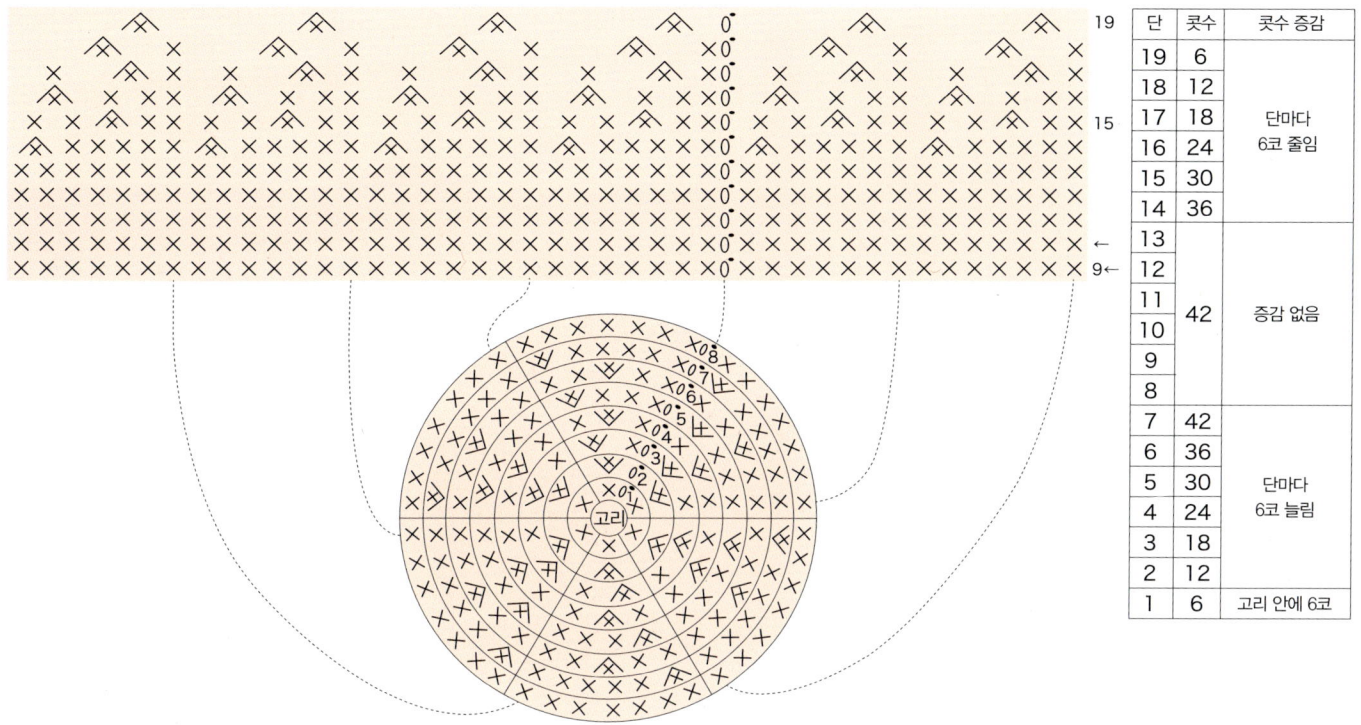

단	콧수	콧수 증감
19	6	단마다 6코 줄임
18	12	
17	18	
16	24	
15	30	
14	36	
13	42	증감 없음
12		
11		
10		
9		
8		
7	42	단마다 6코 늘림
6	36	
5	30	
4	24	
3	18	
2	12	
1	6	고리 안에 6코

두건
a색

마지막 짧은뜨기를 하고 나면, 실을 50cm 남기고 잘라서 코바늘에 걸려 있는 고리 안으로 실 끝을 끌어내고 사슬 잇기를 한다 (P.63 참조)

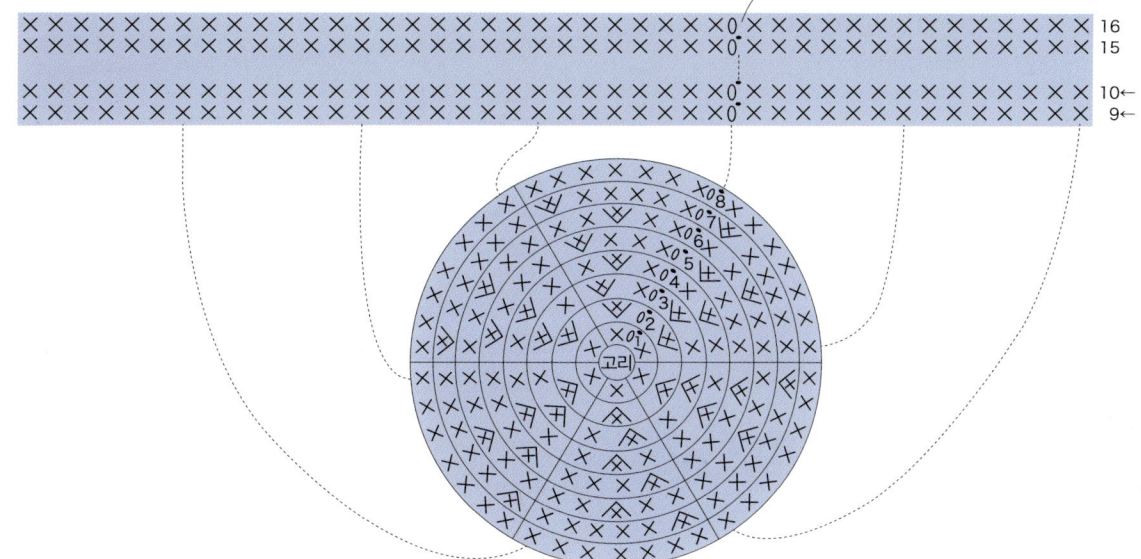

단	콧수	콧수 증감
16	42	증감 없음
～		
8		
7	42	단마다 6코 늘림
6	36	
5	30	
4	24	
3	18	
2	12	
1	6	고리 안에 6코

★솜은 넣지 않는다

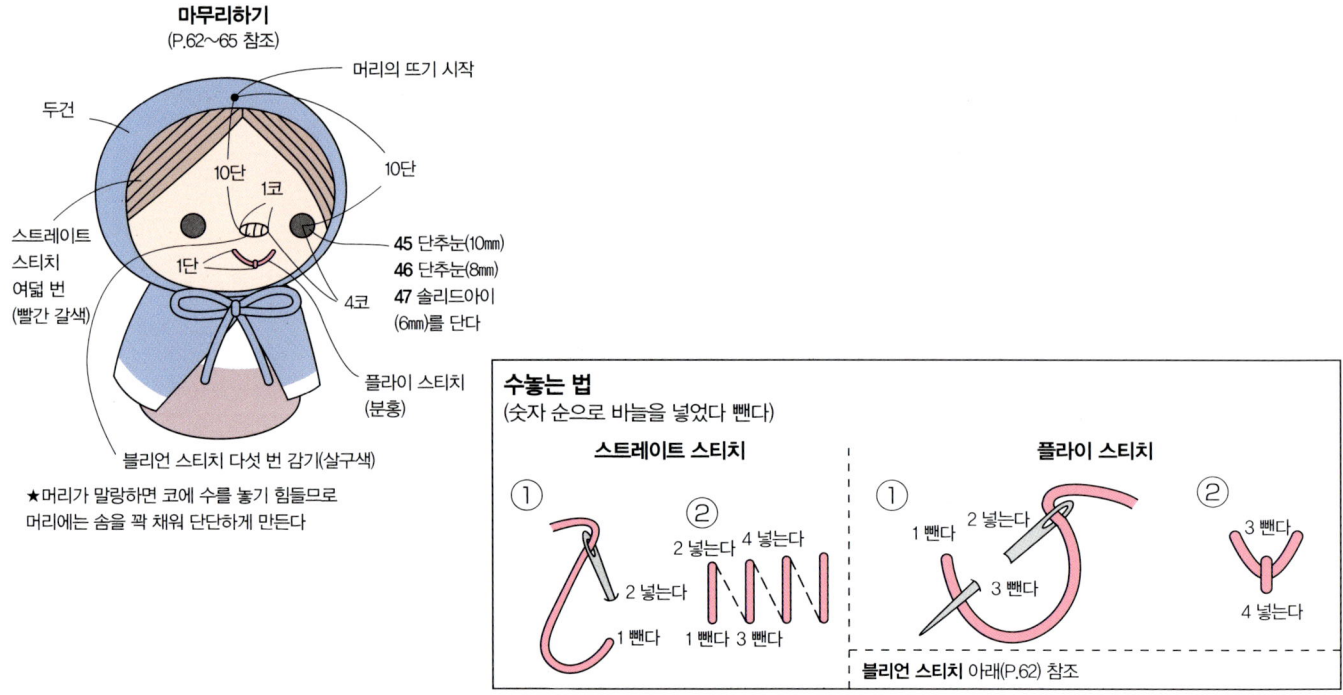

45~47 코 수놓는 법(블리언 스티치)

① 머리에 솜을 넣고, 뜨기 끝의 실을 돗바늘에 꿰어서 뜨기 끝을 조여서 막습니다.

② 조인 코 가운데로 바늘을 넣어서 코를 수놓을 자리에서 뺍니다.

③ 바늘에 실을 다섯 번 감습니다.
★이해하기 쉽도록 실 색깔을 바꿔서 설명했습니다.

④ 다섯 번 감은 모습입니다.

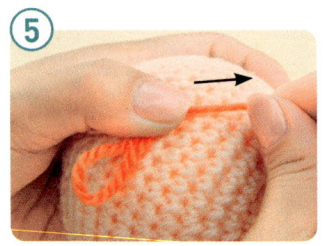

⑤ 감긴 실을 누른 채 바늘을 끌어내어 실을 당깁니다.

⑥ 실을 당긴 모습입니다. 너무 당기면 매듭처럼 둥그렇게 되어 버리므로 조심합니다.

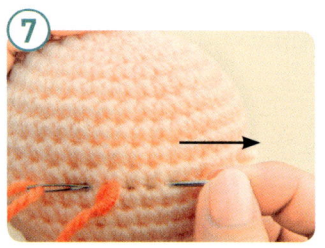

⑦ 옆 코에 바늘을 넣어 똑바로 옆으로 가서 적당한 곳에서 뺍니다.

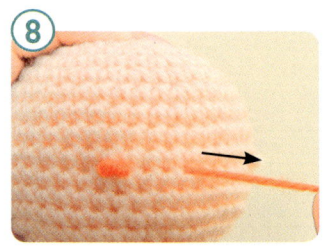

⑧ 실을 당깁니다. 코를 다 수놓았습니다. 뺀 실은 매듭을 짓고 실을 처리합니다.

두건 씌우는 법

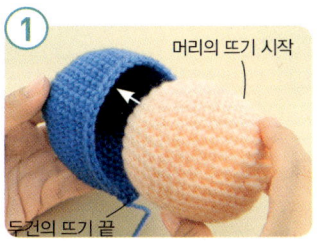

① 두건 속에 머리를 넣습니다. 이때 두건의 뜨기 끝이 머리 아래쪽으로 오게 합니다.

(머리의 뜨기 시작 / 두건의 뜨기 끝)

② 두건 속까지 쑥 넣습니다.

사슬 잇기

③ 두건의 뜨기 끝의 실을 돗바늘에 꿰어 화살표처럼 마지막 단 첫째 짧은뜨기의 머리 사슬에 통과시킵니다.

④ 실을 당깁니다.

⑤ 바늘을 두건의 마지막 짧은뜨기의 머리 사슬에 화살표처럼 넣습니다.

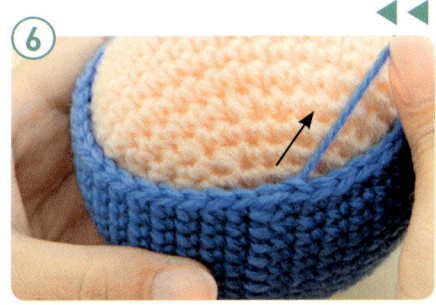

⑥ 실을 당깁니다. 새로 사슬이 1개 생겼습니다.

⑦ 사슬 잇기에 이어서 사진처럼 바늘을 머리에 넣어 두건의 2단 안쪽에서 뺍니다.

(2단)

⑧ 바늘을 뺀 곳에서 1코 되돌아간 곳에 바늘을 넣어 4~5코 떨어진 곳에서 바늘을 뺍니다(박음질하는 요령). 이때 머리의 뜨개조직도 같이 떠서 고정합니다.

(1코 되돌아간다)

⑨ 한 바퀴 돌아가며 8을 되풀이합니다.

⑩ 마지막은 바늘을 적당한 곳에서 빼서 매듭을 짓고 실을 처리합니다.

머리와 몸 잇는 법

① 몸에 솜을 넣고 뜨기 끝의 실을 돗바늘에 꿰어 두건을 줍습니다. 몸과 두건을 교대로 주워서 감칩니다(P.56의 44와 같음).

② 머리와 몸을 이었습니다.

망토 뜨는 법

왕복뜨기

★왕복뜨기란 단마다 뜨개조직 앞과 뒤를 뒤집으면서 뜨는 것을 말합니다.

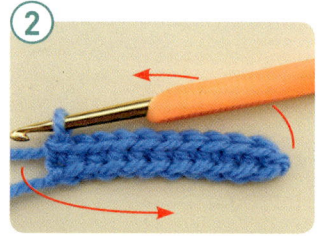

① 사슬뜨기로 기초코를 25코 잡고(사진에서는 10코로 설명합니다) 기둥코로 사슬 1코를 뜬 뒤에 기초코의 사슬코 산에 짧은뜨기를 합니다.

② 첫째 단을 떴습니다. 뜨개조직을 화살표 방향으로 돌려서 뒤집습니다.

사슬코 산

③ 뜨개실이 앞으로 온 상태로 뒤집습니다.

④ 둘째 단을 뜹니다. 기둥코로 사슬 1코를 뜨고, 화살표처럼 앞단 짧은뜨기의 머리 사슬에 바늘을 넣어서 짧은뜨기를 합니다.

⑤ 짧은뜨기를 1코 했습니다. 계속하여 화살표처럼 바늘을 넣어서 다음 코에도 짧은뜨기를 합니다. 같은 방법으로 되풀이합니다.

⑥ 둘째 단을 떴습니다. 2와 같은 방법으로 뜨개조직을 뒤집어서 셋째 단을 뜹니다. 넷째 단 이후도 똑같이 해 줍니다.

망토 다는 법

① 망토를 왕복뜨기로 뜹니다. 뜨기 끝은 실이 사진처럼 4가닥 나와 있는 상태가 됩니다.

② 아이보리 실을 돗바늘에 꿰어서 뜨개조직 뒤쪽으로 2~3㎝쯤 통과시킵니다.

③ 뜨개조직에 바짝 붙여서 실을 자릅니다. 다른 한쪽 아이보리 실도 같은 방법으로 처리합니다.

④ a색 뜨기 끝의 실을 50㎝ 남기고 잘라서 돗바늘에 꿰어 뜨개조직 뒤쪽으로 뺍니다.

⑤ 뜨개조직 뒤쪽에 통과시켜서 사진처럼 귀퉁이까지 가지고 갑니다.

⑥ 귀퉁이에서 실이 나왔습니다.

⑦ 망토를 몸에 감습니다.

⑧ 사진처럼 몸 정면의 코를 줍고, 계속해서 망토의 반대쪽 앞의 끝코에 통과시킵니다.

⑨ 실을 당깁니다.

⑩ P.63 '두건 씌우는 법' 8과 똑같이 박음질하는 요령으로 바늘을 넣습니다. 이때 몸도 같이 떠 줍니다.

⑪ 10을 되풀이합니다.

⑫ 한 바퀴 돌고, 마지막은 바늘을 망토 반대쪽 앞에서 빼서 실을 쉬게 둡니다.

⑬ 다른 한쪽 실을 돗바늘에 꿰고, 8~10과 같은 방법으로 이번에는 반대쪽에서부터 박음질을 하며 한 바퀴 돕니다.

⑭ 마지막은 바늘을 망토 반대쪽 앞에서 빼서 실을 쉬게 둡니다.

⑮ 쉬게 둔 실 2가닥을 목 앞에서 묶습니다.

⑯ 리본을 매 줍니다.

⑰ 남은 실을 자르고, 매듭을 고정하기 위해 매듭에 접착제를 조금 칠합니다.

⑱ 실 끝이 풀리는 것을 막기 위해 실 끝에도 접착제를 조금 칠합니다.

⑲ 접착제를 손가락으로 비벼서 스며들게 하고 말립니다.

머리카락 수놓는 법(스트레이트 스티치)

1 빨간 갈색 실을 1m로 잘라서 돗바늘에 꿰고 매듭을 짓습니다. 바늘을 머리의 적당한 곳에 넣고 두건을 젖혀서 머리 위에서 뺍니다. 매듭 부분은 당겨서 머리 속으로 들어가게 합니다.

2 바늘을 머리 옆에 넣고 1과 똑같은 곳에서 뺍니다.

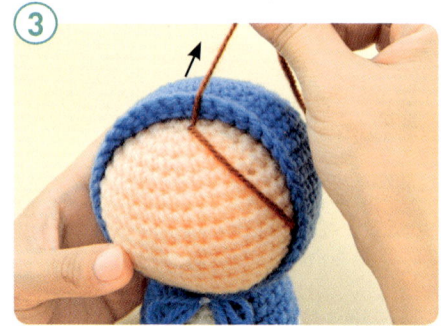

3 실을 당깁니다. 스트레이트 스티치를 한 번 했습니다.

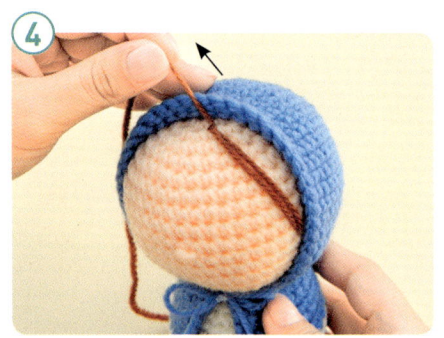

4 2~3을 되풀이하여 스트레이트 스티치를 모두 여덟 번 합니다.

5 마지막은 적당한 곳에서 바늘을 빼서 매듭을 짓고 실을 처리합니다.

6 한쪽 머리카락을 만들었습니다.

7 반대쪽도 같은 방법으로 수놓고 두건으로 덮어줍니다. 머리카락을 완성했습니다.

가지각색 버섯 뜨는 법 P.59 48~53

사용 실

하마나카 코로포쿠루
48 빨강(7) 3g, 분홍(4) 1g
49 녹연두(12) 3g, 아이보리(1) 1g
50 초록(13) 3g, 밝은 회색(3) 1g, 분홍(4) 1g
51 파랑(11) 3g, 분홍(4) 2g, 아이보리(1) 1g
52 주황(6) 3g, 노랑(5) 2g, 분홍(4) 1g
53 노랑(5) 3g, 보라(9) 1g, 아이보리(1) 1g

그 외의 재료

48~53 공통
수예용 솜 적당히
48, 49
펠트(흰색) 3×2cm씩

바늘
하마나카 코바늘 3/0호

뜨는 법
1 실로 원형코를 만들어서 버섯갓과 버섯대를 뜹니다.
2 버섯갓에 솜을 넣고 조여서 막습니다.
3 버섯대에 솜을 넣고, 버섯갓과 버섯대를 감침질로 잇습니다.
4 펠트를 지름 8mm 원으로 잘라서 버섯갓에 붙입니다(48, 49).

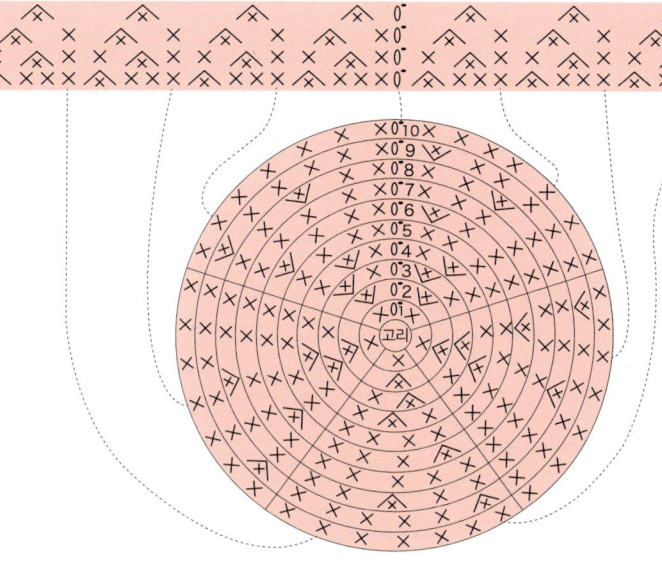

버섯갓
3/0호 코바늘

★ 버섯갓 배색
48, 49 모든 단 a색
50, 53 4, 7, 10단 = c색, 그 외의 단은 모두 a색
51, 52 5, 6, 9, 10단 = c색, 그 이외의 단은 모두 a색

배색

	a색	b색	c색
48	빨강	분홍	
49	녹연두	아이보리	
50	초록	분홍	밝은 회색
51	파랑	아이보리	분홍
52	주황	분홍	노랑
53	노랑	아이보리	보라

단	콧수	콧수 증감
14	7	단마다 7코 줄임
13	14	
12	21	
11	28	
10	35	증감 없음
9	35	단마다 5코 늘림
8	30	
7	25	증감 없음
6	25	5코 늘림
5	20	증감 없음
4	20	단마다 5코 늘림
3	15	
2	10	
1	5	고리 안에 5코

버섯대
b색 3/0호 코바늘

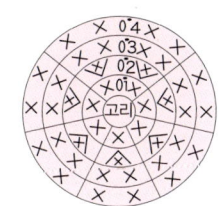

단	콧수	콧수 증감
4	14	증감 없음
3		
2	14	7코 늘림
1	7	고리 안에 7코

마무리하기

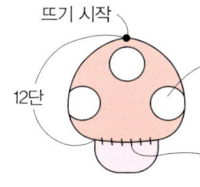

뜨기 시작
12단
지름 8mm 원으로 자른 펠트 5장을 버섯갓에 접착제로 붙인다(48, 49)
버섯갓의 뜨기 끝을 조여서 막고, 열두째 단과 열셋째 단 사이를 버섯대의 뜨기 끝과 감침질한다
★P.54 참조

STEP 3

이제 팔다리를 달아 보아요.
훨씬 활동적이고 생동감이 있죠?
더 많은 방법으로 응용할 수 있답니다.

먹보 고양이

간식 시간이라 신이 난 먹보 고양이들을
서로 다른 무늬로 만들었어요.
이런, 커피를 엎질렀네!

HOW TO MAKE
P.72
사용한 실
하마나카 완파쿠 데니스
크기 10.5cm

STEP 3

56
57

토끼 커플

쌍으로 떠서 선물하기 좋은 토끼 커플.
파스텔 톤으로 얌전하고 우아하죠.
리본을 다는 것만으로 분위기가 달라져요.

뭘 보니?

찾았다!

HOW TO MAKE
P.77
사용한 실
하마나카 러브 보니
크기 11cm

먹보 고양이 뜨는 법
P.68 54,55

★코 주위와 목걸이 이외의 배색은 **54**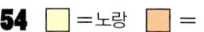
55 모두 회색으로 뜬다

사용 실
하마나카 완파쿠 데니스
54 노랑(43) 11g, 주황(44) 5g, 아이보리(2) 1g, 초록(46) 1g
55 회색(58) 15g, 아이보리(2) 1g, 빨강(10) 1g

그 외의 재료
인형 눈(하마나카 야마타카 단추눈 검정 8mm) 2개씩, 인형 눈(하마나카 솔리드아이 검정 6mm) 1개씩, 수예용 솜 적당히

바늘
하마나카 아미아미 양쪽 코바늘 라쿠라쿠 5/0호

뜨는 법
1 실로 원형코를 만들어서 머리, 귀, 팔, 다리, 꼬리, 코 주위를 뜹니다.
2 사슬뜨기로 기초코를 잡아서 몸과 목걸이를 뜹니다.
3 머리와 몸에 솜을 넣고 감침질로 잇습니다.
4 머리에 귀, 코 주위, 인형 눈을 달아 줍니다.
5 몸에 팔, 다리, 꼬리를 달아 줍니다.
6 목에 목걸이를 달아 줍니다.

몸
5/0호 코바늘

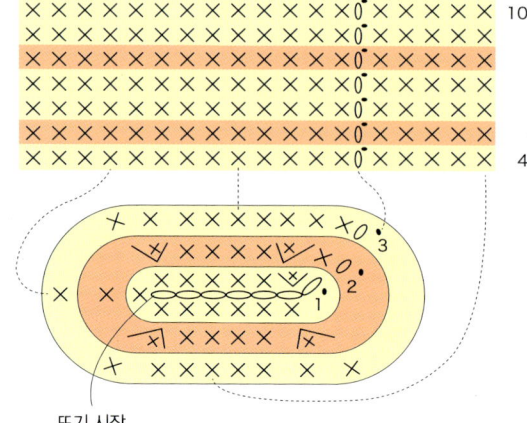

뜨기 시작
기초코로 사슬 6코

단	콧수	콧수 증감
10		
9		
8		
7	18	증감 없음
6		
5		
4		
3		
2	18	4코 늘림
1	14	사슬 6코에서 짧은뜨기 14코

다리(2장)
5/0호 코바늘

단	콧수	콧수 증감
3	8	증감 없음
2	8	
1	8	고리 안에 8코

★솜은 넣지 않는다

팔(2장)
5/0호 코바늘

단	콧수	콧수 증감
5		
4	6	증감 없음
3		
2		
1	6	고리 안에 6코

★솜은 넣지 않는다

꼬리
5/0호 코바늘

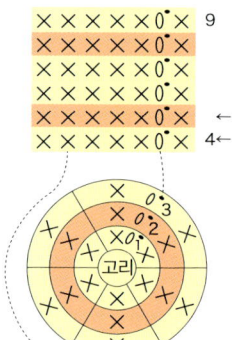

단	콧수	콧수 증감
9		
8		
7		
6	6	증감 없음
5		
4		
3		
2		
1	6	고리 안에 6코

★솜은 넣지 않는다

귀(2장)
5/0호 코바늘

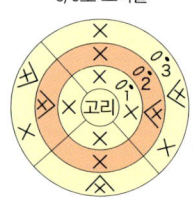

단	콧수	콧수 증감
3	9	3코 늘림
2	6	2코 늘림
1	4	고리 안에 4코

★솜은 넣지 않는다

목걸이
54 초록 55 빨강 5/0호 코바늘

뜨기 시작
기초코로 사슬 20코
★뜨기 시작과 뜨기 끝의 실은 약 15cm씩 남겨 둔다

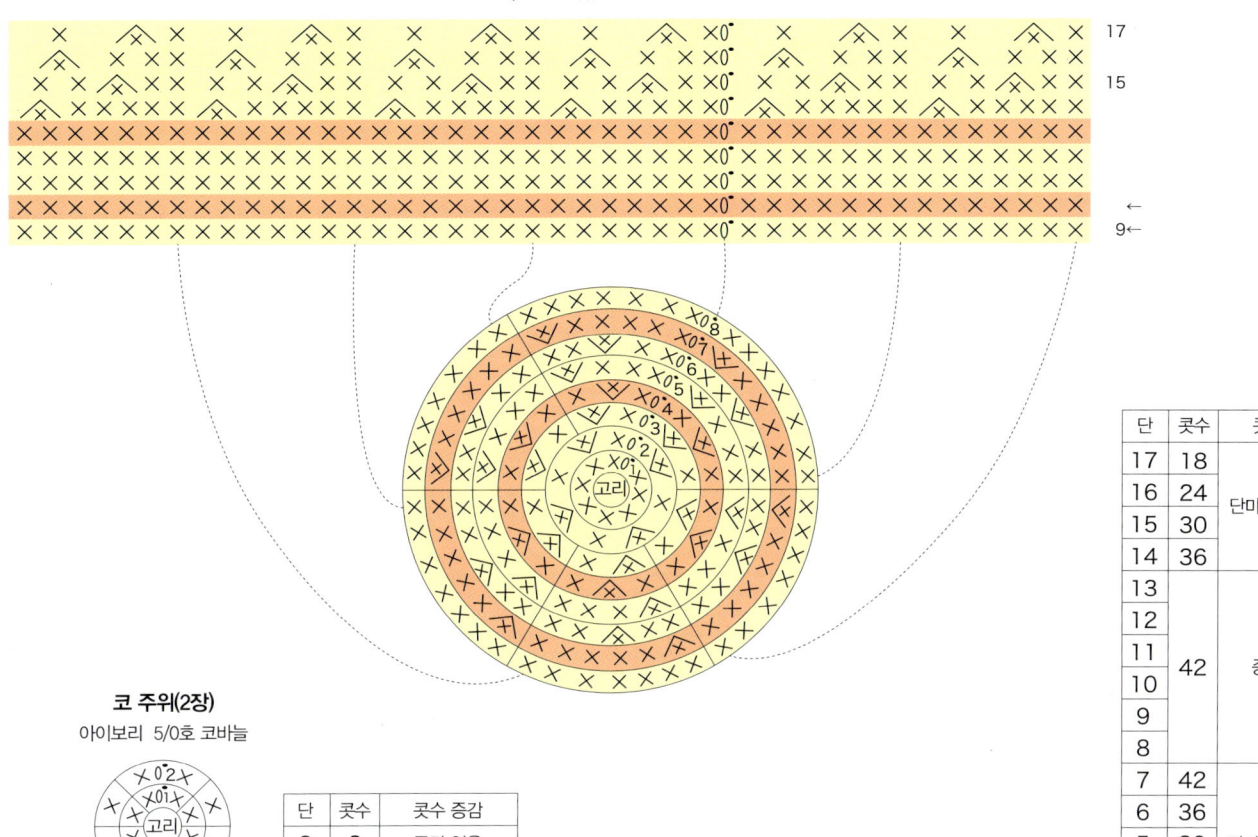

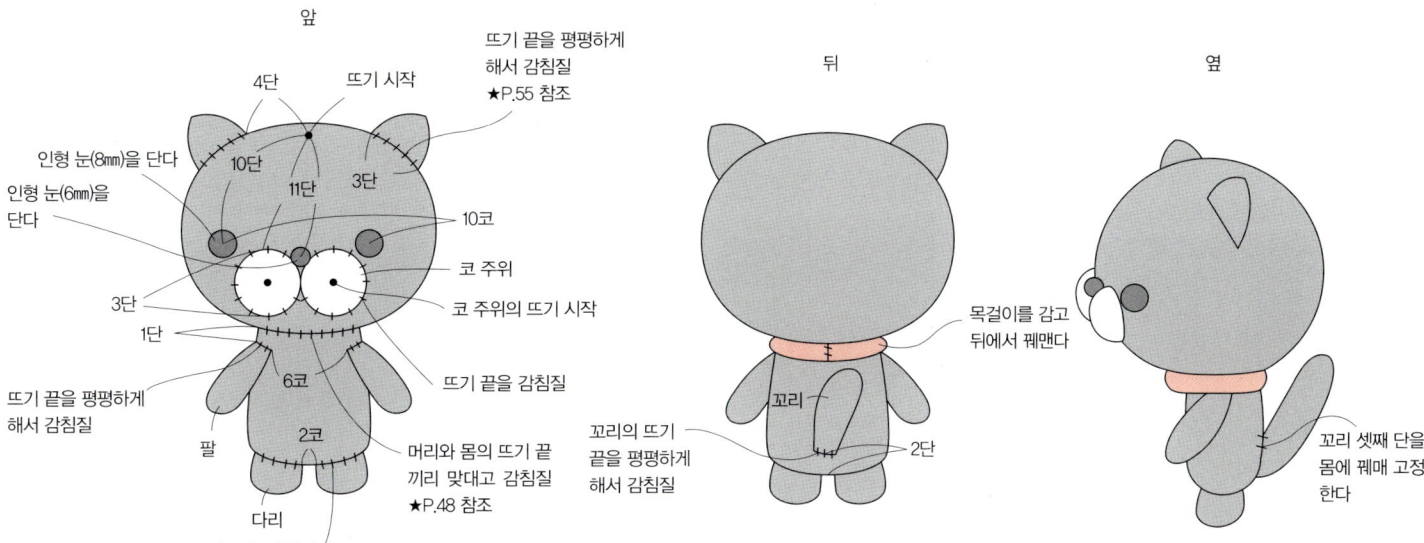

54·55 몸 뜨는 법(타원형으로 뜨다)

🟠 사슬뜨기 기초코 🟠 첫째 단

①

사슬뜨기로 기초코 6코를 잡고 기둥코로 사슬 1코를 뜹니다.

②

바늘을 화살표처럼 기초코의 사슬코 산에 넣어 짧은뜨기를 1코 합니다.

③

짧은뜨기를 1코 했습니다. 화살표처럼 바늘을 넣어 같은 코에 짧은뜨기를 1코 더 합니다.

④
짧은뜨기를 2코 했습니다. 다음부터는 기초코 사슬 1코에 짧은뜨기를 1코씩 합니다.

⑤

기초코의 끝까지 떴습니다. 화살표처럼 끝코에 바늘을 넣어 같은 코에 짧은뜨기를 1코 더 합니다.

⑥

끝코에 짧은뜨기를 2코 했습니다. 같은 코에 화살표처럼 바늘을 넣고 뜨개조직을 시계 방향으로 돌립니다.

⑦

뜨개조직의 아래위가 반대로 되었습니다. 뜨기 시작의 실을 오른쪽으로 제쳐 놓고 짧은뜨기를 1코 합니다.

⑧

다음부터는 화살표처럼 기초코 사슬의 남은 2가닥을 주워서 짧은뜨기를 1코씩 합니다.

🟠 둘째 단

⑨

기초코의 끝까지 떴습니다. 화살표처럼 첫째 짧은뜨기의 머리 사슬에 바늘을 넣어서 빼뜨기를 합니다.

⑩

빼뜨기를 한 모습입니다. 첫째 단을 떴습니다.

⑪
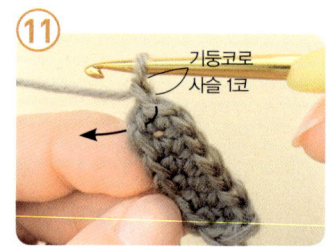
기둥코로 사슬 1코를 뜹니다. 화살표처럼 바늘을 넣어 짧은뜨기를 1코 합니다.

⑫

짧은뜨기를 1코 했습니다. 화살표처럼 바늘을 넣어 다음 코에는 짧은뜨기를 2코 합니다.

⑬
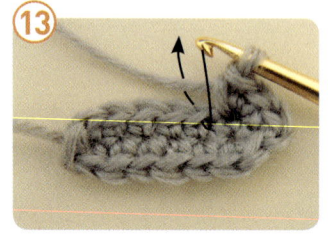
뜨개도안을 참조하여 둘째 단을 뜹니다.

⑭

둘째 단을 떴습니다. 셋째 단 이후는 코를 늘리지 않고 짧은뜨기를 합니다.

⑮

몸을 떴습니다. 뜨개조직은 타원형 원통 모양이 됩니다.

팔 다는 법(뜨기 끝을 평평하게 해서 감침질)

★꼬리도 같은 방법으로 달아 줍니다.

1. 팔의 뜨기 끝의 실을 돗바늘에 꿰니다. 몸의 팔 다는 자리에 사진처럼 바늘을 통과시키고 실을 당깁니다.
2. 팔의 뜨기 끝을 평평하게 해서, 바늘을 마지막 단 짧은뜨기의 머리 사슬 2개에 한 번에 넣습니다. 계속하여 몸의 뜨개조직을 줍고 실을 당깁니다.
3. 2를 되풀이하고 마지막은 팔의 뜨개 조직 끝에 바늘을 넣습니다. 그대로 몸통에도 바늘을 넣어 적당한 곳에서 빼서 매듭을 짓고 실을 처리합니다.
4. 다른 한쪽 팔도 같은 방법으로 달아 줍니다. 양팔을 달았습니다.

다리 다는 법(감침질)

★코 주위도 같은 방법으로 달아 줍니다.

1. 다리의 뜨기 끝의 실을 돗바늘에 꿰니다. 몸의 다리 다는 자리의 뜨개조직을 사진처럼 바늘로 줍고 실을 당깁니다.
2. 다리의 마지막 단 짧은뜨기의 머리 사슬을 줍고, 계속하여 1에서 몸에서 바늘을 뺀 곳에 바늘을 넣어 바로 옆에서 뺍니다.
3. 한 바퀴 돌면서 같은 방법을 되풀이하여 다리를 답니다.
4. 마지막은 바늘을 몸의 적당한 곳에서 빼서 매듭을 짓고 실을 처리합니다.

목걸이 다는 법

5. 다른 한쪽 다리도 같은 방법으로 달아 줍니다. 양다리를 달았습니다.
1. 목걸이의 뜨기 시작의 실을 돗바늘에 꿰니다. 몸의 목둘레에 붙여서 쥐고 화살표처럼 바늘을 넣습니다.
2. 바늘을 넣은 모습입니다.
3. 실을 당깁니다.

4. 목걸이의 뜨기 시작에 바늘을 넣습니다. 그대로 몸의 목둘레에도 바늘을 넣어 적당한 곳에서 빼서 매듭을 짓고 실을 처리합니다.
5. 목걸이의 뜨기 끝의 실을 돗바늘에 꿰어 목걸이에 화살표처럼 바늘을 넣습니다.
6. 2~4와 같은 방법으로 달아 줍니다.
7. 목걸이를 달았습니다.

단추눈 다는 법

1. 54는 주황, 55는 회색 실 약 50cm를 돗바늘에 꿰어 놓습니다. 머리의 왼쪽 눈 다는 자리에 바늘을 넣어 오른쪽 눈 다는 자리에서 뺍니다.

2. 실을 약 15cm 남기고 끌어냅니다.

3. 단추눈에 실을 꿉니다.

4. 1에서 바늘을 뺀 곳에 바늘을 넣습니다.

  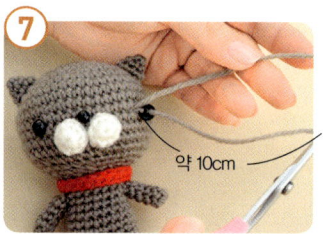 

5. 1에서 바늘을 넣은 곳에서 바늘을 뺍니다.

6. 단추눈 고리가 뜨개조직 속으로 들어가도록 실 2가닥을 꽉 잡아당깁니다.

7. 당긴 실 1가닥을 다른 단추눈에 꿉니다. 돗바늘을 빼고 실은 약 10cm로 잘라 둡니다.

8. 실 2가닥을 한 번 묶습니다.

9. 단추눈 고리가 뜨개조직 속으로 들어가게 누르고, 묶은 실을 꽉 잡아맵니다.

10. 한 번 더 묶습니다.

11. 꽉 잡아맵니다.

12. 실 2가닥을 돗바늘에 꿉니다.

13. 단추눈 고리 아래로 돗바늘을 넣습니다.

14. 머리의 적당한 자리에서 바늘을 빼고 실을 세게 당깁니다.

15. 실을 뜨개조직에 바짝 붙여서 자릅니다. 실 끝은 자연히 뜨개조직 속으로 들어갑니다.

16. 단추눈을 달았습니다. 실이 느슨해지면 단추눈이 뜨게 되므로 실을 단단히 당겨서 달아 줍니다.

토끼 커플 뜨는 법

P.70
56, 57

사용 실
하마나카 러브 보니
56 분홍(109) 25g, 흰색(125) 2g, 연한 파랑(116) 2g
57 크림색(104) 25g, 흰색(125) 2g, 연한 파랑(116) 2g

그 외의 재료
인형 눈(하마나카 야마타카 단추눈 검정 8mm) 2개씩, 솜방울(갈색 8mm) 1개씩, 수예용 솜 적당히

바늘
하마나카 코바늘 6/0호

뜨는 법
1 실로 원형코를 만들어서 머리, 몸, 귀, 팔, 다리, 꼬리, 코 주위를 뜹니다.
2 머리와 몸에 솜을 넣고 감침질로 잇습니다.
3 머리에 귀, 코 주위, 솜방울, 인형 눈, 리본을 달아 줍니다.
4 몸에 팔, 다리, 꼬리를 달아 줍니다.

머리
a색 6/0호 코바늘

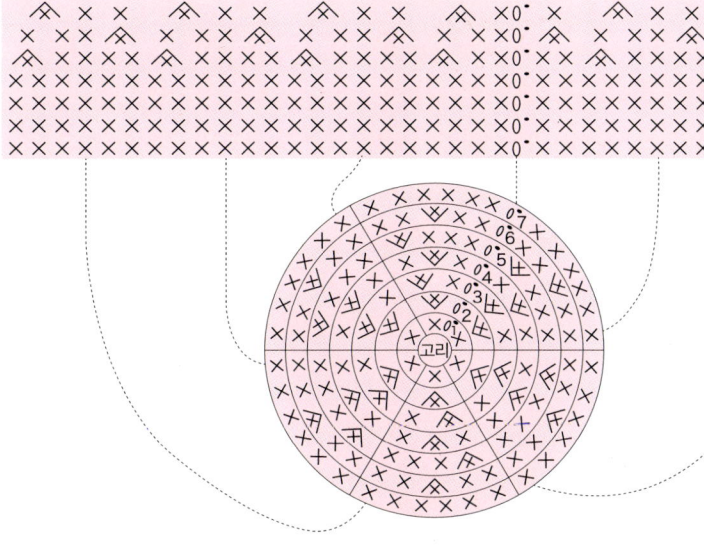

배색

	a색
56	분홍
57	크림색

단	콧수	콧수 증감
14	18	단마다 6코 줄임
13	24	
12	30	
11	36	증감 없음
10		
9		
8		
7		
6	36	단마다 6코 늘림
5	30	
4	24	
3	18	
2	12	
1	6	고리 안에 6코

몸
a색 6/0호 코바늘

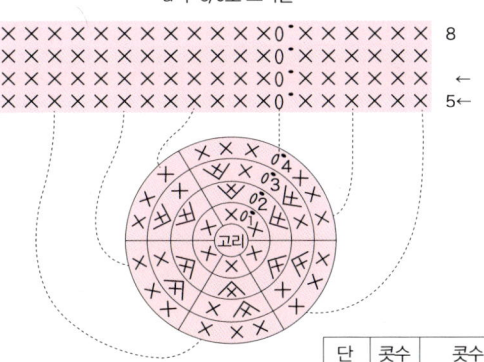

단	콧수	콧수 증감
8	18	증감 없음
7		
6		
5		
4		
3	18	단마다 6코 늘림
2	12	
1	6	고리 안에 6코

팔(2장)
a색 6/0호 코바늘

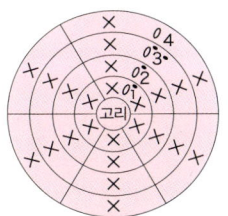

단	콧수	콧수 증감
4		
3	6	증감 없음
2		
1	6	고리 안에 6코

★솜은 넣지 않는다

다리(2장)
a색 6/0호 코바늘

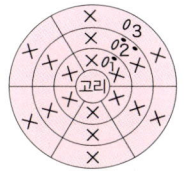

단	콧수	콧수 증감
3	6	증감 없음
2		
1	6	고리 안에 6코

★솜은 넣지 않는다

귀(2장)
a색 6/0호 코바늘

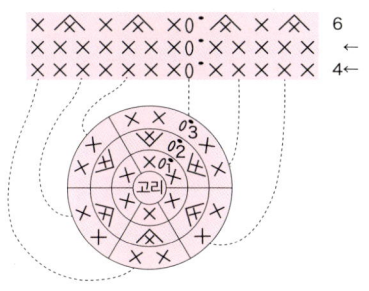

단	콧수	콧수 증감
6	8	4코 줄임
5	12	증감 없음
4		
3		
2	12	6코 늘림
1	6	고리 안에 6코

★솜은 넣지 않는다

코 주위
흰색 6/0호 코바늘

단	콧수	콧수 증감
1	6	고리 안에 6코

★솜은 넣지 않는다

꼬리
a색 6/0호 코바늘

단	콧수	콧수 증감
2	6	증감 없음
1	6	고리 안에 6코

★솜은 넣지 않는다

리본
연한 파랑 6/0호 코바늘

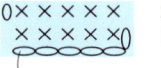

뜨기 시작
기초코로 사슬 5코
★뜨기 끝의 실은 20cm 남겨 둔다
★리본 만드는 법은 P.79 참조

마무리하기

56

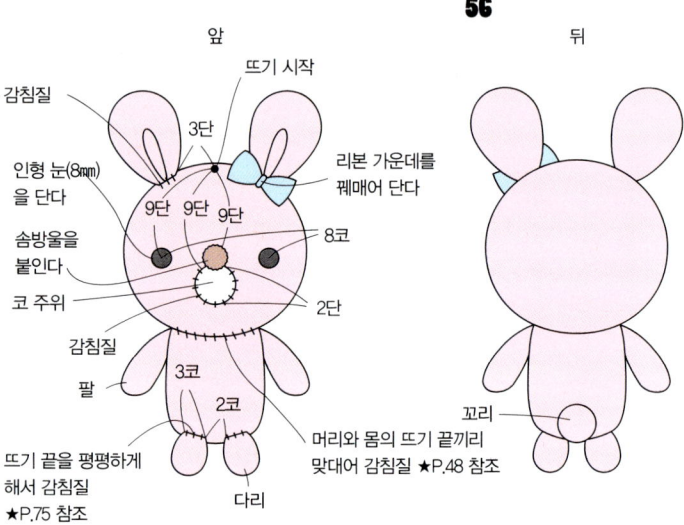

57

★리본 다는 자리 이외에는 56과 같음

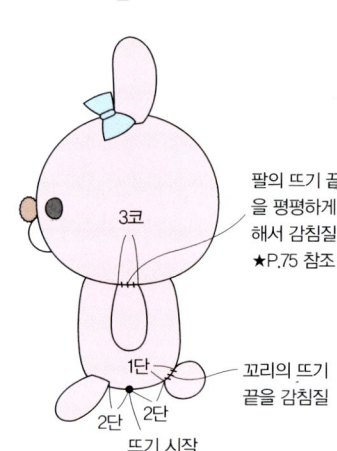

56·57 귀 다는 법(감침질)

①
뜨기 끝의 실을 돗바늘에 꿰ㅂ니다. 뜨개조직을 평평하게 해서 세로로 반 접고, 사진처럼 마지막 단의 머리 사슬을 주워서 돗바늘을 넣고 실을 당깁니다.

②
머리의 귀 다는 자리에 사진처럼 바늘을 통과시키고 실을 당깁니다.

③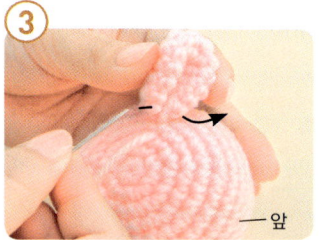
귀 방향을 조정하고 화살표처럼 귀의 마지막 단 짧은뜨기의 머리 사슬 2개에 한 번에 바늘을 넣습니다.

④
실을 당깁니다.

⑤
머리 뜨개조직을 줍습니다.

⑥
실을 당깁니다.

⑦
마지막은 바늘을 머리의 적당한 곳에서 빼서 매듭을 짓고 실을 처리합니다.

⑧
다른 한쪽 귀도 같은 방법으로 달아 줍니다. 양 귀를 달았습니다.

리본 만드는 법

★뜨기 시작의 실은 돗바늘에 꿰어서 뜨개조직 안으로 통과시키고 잘라서 실을 처리해 둡니다.

① 뜨기 끝의 실을 돗바늘에 꿰고 사진처럼 뜨개조직 뒤쪽으로 통과시켜 리본 가운데에서 뺍니다.

② 실을 당깁니다.

③ 뜨개조직 앞면을 위로 오게 사진처럼 쥡니다. 화살표처럼 기초코의 가운데 코의 머리 사슬에 바늘을 넣습니다.

④ 계속해서 화살표처럼 둘째 단 짧은 뜨기의 머리 사슬에 바늘을 넣습니다.

⑤ 실을 조입니다.

⑥ 같은 방법으로 돗바늘을 넣어 실을 두 번 더 통과시켜서 조여 맵니다.

⑦ 리본을 만들었습니다. 실은 자르지 않고 남겨 둡니다.

56 리본 다는 법

★57도 같은 방법으로 목둘레에 달아 줍니다.

① 리본의 남은 실을 돗바늘에 꿥니다.

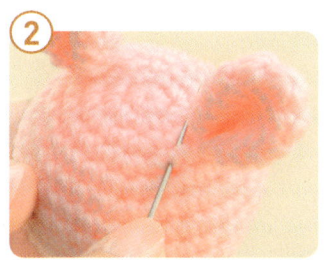
② 머리의 리본 다는 자리에 사진처럼 바늘을 통과시킵니다.

③ 실을 당깁니다.

④ 사진처럼 리본에 바늘을 통과시킵니다.

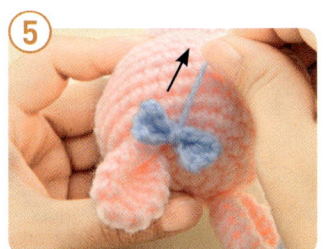
⑤ 실을 당깁니다.

⑥ 다시 머리에 바늘을 넣어 적당한 곳에서 빼서 매듭을 짓고 실을 처리합니다.

⑦ 리본을 달았습니다.

STEP3

HOW TO MAKE
P.82

사용한 실
하마나카 완파쿠 데니스
크기 58 14.5㎝
59 11㎝

사과 곰

사과를 이리저리 붙여
곰이 사과를 가지고 노는 것 같아요.
팔다리를 조금 다르게 달면
서로 성격이 다른 친구들이 되지요.

쌍둥이 곰

사과 곰을 가는 실과 다른 배색으로
작고 앙증맞게 만들어 보아요.
귀여운 아기 곰들이 됩니다.

HOW TO MAKE
P.82
사용한 실
하마나카 피콜로
크기 60 11cm
61 9cm

사과가 진짜 커!

사과 곰, 쌍둥이 곰 뜨는 법
P.80,81 58~61

★각 부분은 모두 58, 59 5/0호 코바늘
60, 61 4/0호 코바늘로 뜬다

사용 실
58 하마나카 완파쿠 데니스 진한 크림색(54) 16g, 진한 빨강(38) 5g, 초록(46) 3g, 빨강(10) 2g, 흰색(1) 조금
59 하마나카 완파쿠 데니스 아이보리(2) 16g, 연한 파랑(57) 5g, 녹연두(53) 3g, 빨강(10) 2g, 흰색(1) 조금, 초록(46) 조금
60, 61 공통 하마나카 피콜로 연한 황갈색(21) 11g, 남색(36) 3g, 진한 노랑(25) 2g, 빨강(6) 1g, 아이보리(2) 조금, 초록(24) 조금

그 외의 재료
58, 59 인형 눈(하마나카 야마타카 단추눈 검정 10mm) 2개씩, **60, 61** 인형 눈(하마나카 야마타카 단추눈 검정 8mm) 2개씩, 인형 눈(하마나카 솔리드아이 검정 6mm) 1개씩, 수예용 솜 적당히

바늘
58, 59 하마나카 코바늘 5/0호
60, 61 하마나카 코바늘 4/0호

뜨는 법
1 실로 원형코를 만들어서 머리, 몸, 귀, 팔, 다리, 꼬리, 코 주위, 사과를 뜹니다.
2 사슬뜨기로 기초코를 잡아서 꼭지를 뜹니다.
3 머리와 몸에 솜을 넣고 감침질로 잇습니다.
4 머리에 귀, 코 주위, 인형 눈을 달고 입을 수놓습니다.
5 몸에 꼬리를 달아 줍니다.
6 팔과 다리의 끝에 솜을 조금 넣어서 몸에 달아 줍니다.
7 사과를 만들어서 58, 60은 머리에, 59, 61은 팔에 달아 줍니다.

배색	a색	b색	c색	d색
58	진한 크림색	진한 빨강	초록	흰색
59	아이보리	연한 파랑	녹연두	흰색
60·61	연한 황갈색	남색	진한 노랑	아이보리

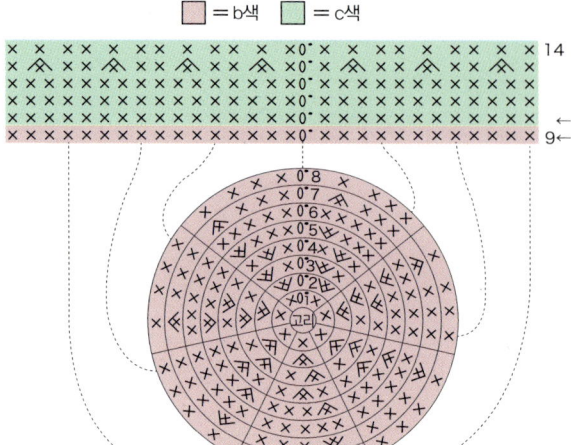

몸
□ = b색 □ = c색

단	콧수	콧수 증감
14	21	증감 없음
13	21	7코 줄임
12	28	증감 없음
11		
10		
9		
8		
7	28	7코 줄임
6	35	증감 없음
5	35	단마다 7코 늘림
4	28	
3	21	
2	14	
1	7	고리 안에 7코

팔(2장)
□ = a색 □ = c색

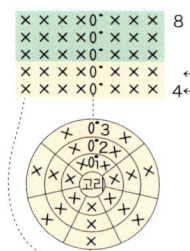

다리(2장)
□ = a색 □ = b색

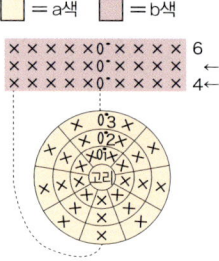

꼬리
a색

단	콧수	콧수 증감
3	6	3코 줄임
2	9	3코 늘림
1	6	고리 안에 6코

★솜은 넣지 않는다

사과 꼭지
초록

뜨기 시작
기초코로 사슬 2코

★뜨기 시작과 뜨기 끝의 실은 20cm씩 남겨 둔다

단	콧수	콧수 증감
8		
7		
6		
5	7	증감 없음
4		
3		
2		
1	7	고리 안에 7코

단	콧수	콧수 증감
6		
5		
4	9	증감 없음
3		
2		
1	9	고리 안에 9코

사과 몸판
빨강

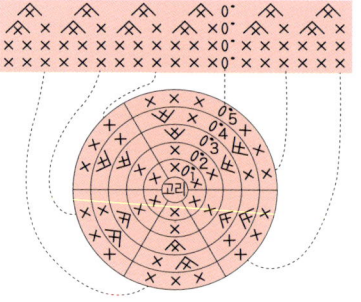

코 주위
d색

귀(2장)
a색

단	콧수	콧수 증감
3	9	증감 없음
2	9	3코 늘림
1	6	고리 안에 6코

★솜은 넣지 않는다

단	콧수	콧수 증감
2	12	4코 늘림
1	8	고리 안에 8코

★솜은 넣지 않는다

★뜨기 시작의 실은 20cm 남겨 둔다

단	콧수	콧수 증감
9	6	단마다 6코 줄임
8	12	
7	18	증감 없음
6	18	
5		
4	18	단마다 6코 늘림
3	12	
2	6	증감 없음
1	6	고리 안에 6코

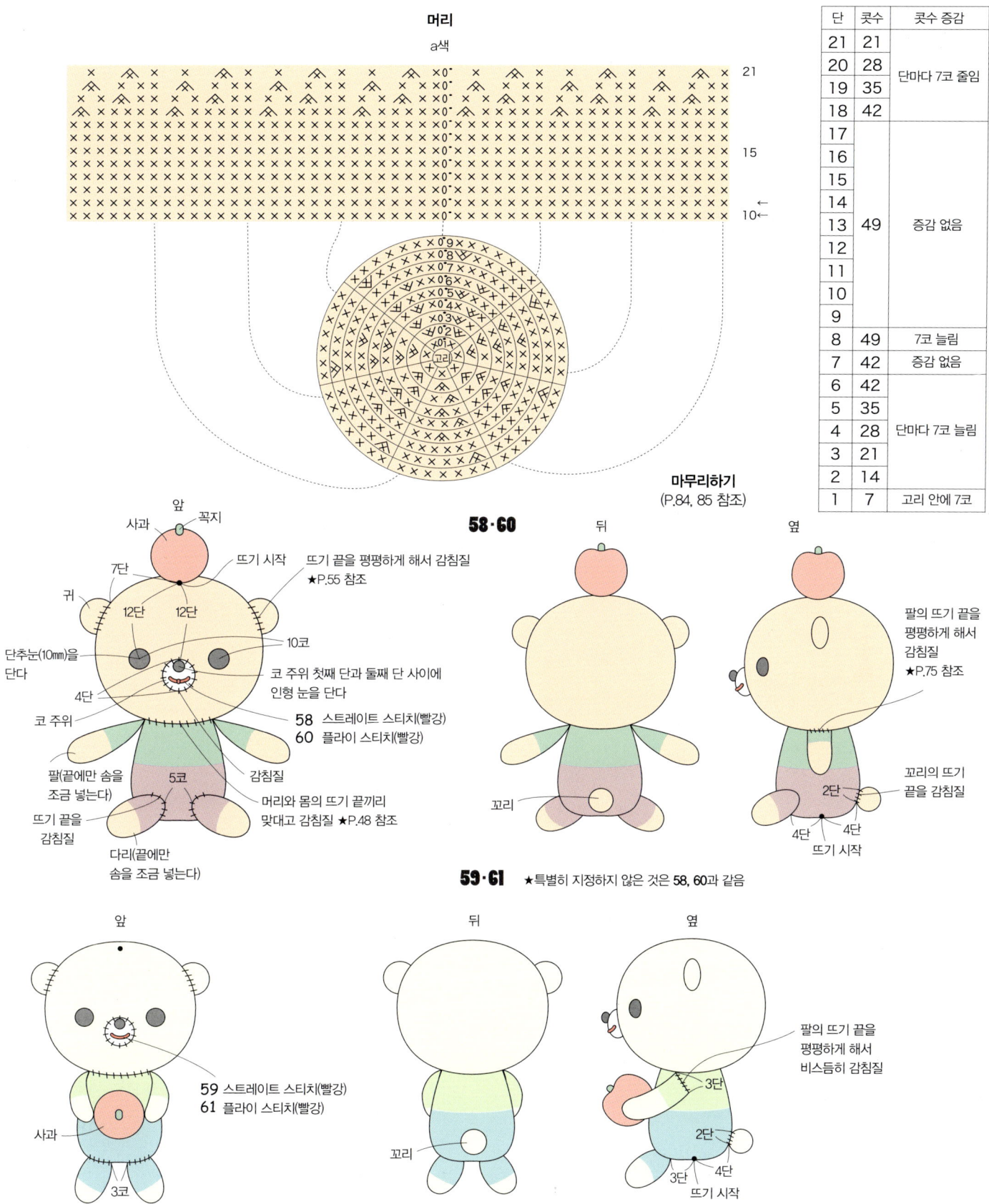

59, 61 팔 다는 법 (뜨기 끝을 평평하게 해서 비스듬히 감침질)

 ①
 ②
 ③
 ④

① 팔의 뜨기 끝의 실을 돗바늘에 꿥니다. 몸의 팔 다는 자리에 사진처럼 바늘을 통과시켜서 실을 당깁니다.

② 팔의 뜨기 끝을 평평하게 해서 마지막 단 짧은뜨기의 머리 사슬 2개에 한 번에 바늘을 넣습니다. 팔을 달 자리가 아래로 비스듬히 오도록 몸의 뜨개조직을 줍고 실을 당깁니다.

③ 2를 되풀이하고, 마지막은 몸의 적당한 곳에서 바늘을 빼서 매듭을 짓고 실을 처리합니다.

④ 다른 한쪽 팔도 같은 방법으로 달아 줍니다. 양팔을 달았습니다.

사과 만드는 법

 ①
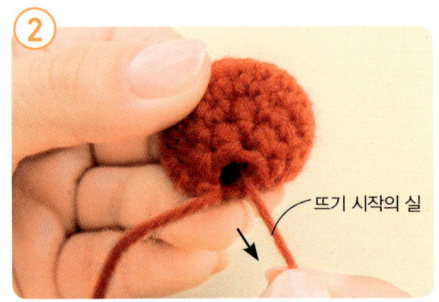 ②
 ③

① 사과를 다 뜬 모습입니다. 뜨기 끝의 실을 약 20㎝ 남겨서 자르고 코바늘을 뺍니다. 코바늘에 걸려 있던 고리에 실 끝을 통과시켜서 조여 줍니다.

② 뜨개조직 안에서 나와 있는 뜨개 시작 실을 당깁니다.

③ 뜨기 시작의 실을 당기면 뜨기 시작 쪽이 옴폭 들어갑니다.

 ④
 ⑤
 ⑥

④ 사과 모양을 다듬으면서 솜을 넣습니다.

⑤ 뜨기 끝의 실로 뜨기 끝을 조여서 막고 실을 처리합니다. 이때 뜨기 시작의 실은 조인 곳에서 나온 채로 둡니다.

⑥ 뜨기 시작의 실을 꽉 잡아당겨서 모양을 잡아 줍니다.

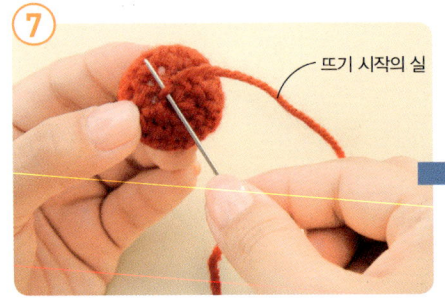 ⑦
 ⑧

⑦ 뜨기 시작의 실을 돗바늘에 꿥니다. 사진처럼 마지막 단의 뜨개조직을 1군데 줍고, 실을 당기지 말고 그대로 돗바늘에 실을 감아서 매듭을 짓습니다.

⑧ 사과 몸판을 만들었습니다. 실은 자르지 않고 남겨 둡니다.

58, 60 사과 다는 법(머리에 달기)

9. 사과의 뜨기 시작 쪽에 꼭지를 달아서 사과를 완성했습니다(꼭지 다는 법은 P.37 잎 다는 법과 같음).

1. 사과의 남은 실을 돗바늘에 꿰어 머리 첫째 단을 사진처럼 바늘로 줍습니다.

2. 실을 당깁니다.

3. 사과 첫째 단을 바늘로 줍습니다.

4. 실을 당깁니다.

5. 1과 다른 방향에서 머리 첫째 단을 돗바늘로 줍습니다.

6. 실을 당깁니다. 같은 방법으로 몇 번 되풀이하고, 마지막은 적당한 곳에서 바늘을 빼서 매듭을 짓고 실을 처리합니다.

7. 머리에 사과를 달았습니다.

59, 61 사과 다는 법(양팔에 달기)

1. 사과의 실을 돗바늘에 꿰어 실을 사과 옆면으로 빼 둡니다. 오른팔 안쪽 둘째 단에 바늘을 넣어서 실을 당깁니다.

2. 사과에 돗바늘을 넣습니다. 실이 나와 있는 코의 옆 코에 넣어 반대쪽에서 바늘을 뺍니다.

3. 실을 단단히 당겨줍니다.

4. 왼팔에도 같은 방법으로 바늘을 넣어서 실을 당깁니다.

5. 사과에 바늘을 넣습니다.

6. 적당한 곳에서 바늘을 빼서 단단히 잡아당긴 뒤에 매듭을 짓고 실을 처리합니다.

7. 양팔에 사과를 달았습니다.

STEP3

원숭이 자매

똑똑한 원숭이 자매예요!
팔짱도 끼고, 춤도 출 수 있어 귀여운 원숭이를 만들어
방 이곳저곳을 돌아다니게 해 주세요.

62

63

HOW TO MAKE
P.88

사용한 실
하마나카 페어 레이디 50
크기 58 19cm

음……

다음에 뭐 읽을래?

P.86 62, 63 원숭이 형제 뜨는 법

사용 실
하마나카 페어 레이디 50
- **62** 겨자색(98) 17g, 크림색(95) 7g, 빨강(21) 5g, 밝은 보라(82) 3g, 아이보리(2) 조금
- **63** 진한 분홍(76) 17g, 연한 분홍(51) 7g, 빨강(21) 5g, 초록(89) 3g, 아이보리(2) 조금
- **62, 63 공통** 하마나카 코로포쿠루 갈색(15) 조금씩

그 외의 재료
인형 눈(하마나카 코믹아이 검정 9mm) 2개씩, 인형 눈(하마나카 솔리드아이 빨강 6mm) 1개씩, 수예용 솜 적당히
★적당한 인형 눈이 없을 때에는 무빙아이(P.32), 스트레이트 스티치(P.16) 등으로 대체할 수 있습니다.

바늘
하마나카 코바늘 5/0호

뜨는 법
1. 실로 원형코를 만들어서 머리, 몸, 귀, 팔, 다리를 뜹니다.
2. 사슬뜨기로 기초코를 잡아서 꼬리를 뜹니다.
3. 머리에 솜을 넣고 조여서 막습니다.
4. 몸에 솜을 넣고 머리와 감침질로 잇습니다.
5. 머리에 귀, 인형 눈을 달고 입을 수 놓습니다.
6. 몸에 팔, 다리, 꼬리를 달아 줍니다.

배색

	a색	b색	c색
62	크림색	겨자색	밝은 보라
63	연한 분홍	진한 분홍	초록

몸
☐ = c색   ☐ = 빨강   ☐ = 아이보리
5/0호 코바늘

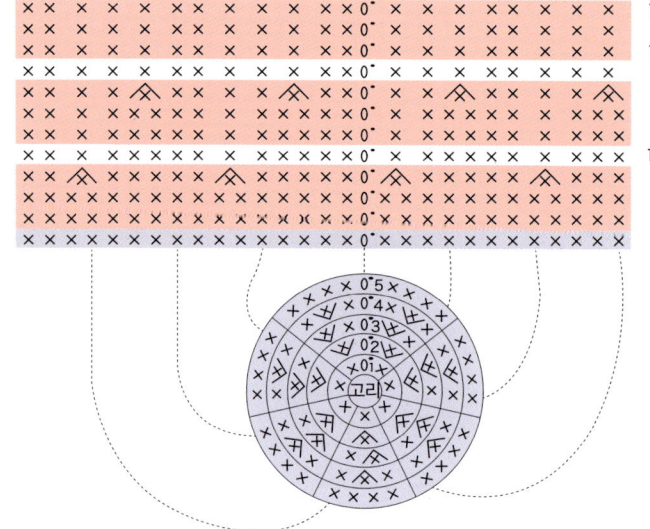

단	콧수	콧수 증감
17	20	증감 없음
16		
15		
14		
13	20	4코 줄임
12	24	증감 없음
11		
10		
9	24	4코 줄임
8	28	증감 없음
7		
6		
5		
4	28	
3	21	단마다 7코 늘림
2	14	
1	7	고리 안에 7코

다리(2장)
☐ = a색   ☐ = b색   ☐ = c색
5/0호 코바늘

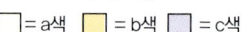

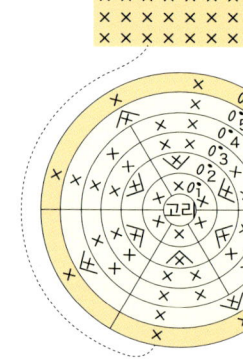

팔(2장)
☐ = a색   ☐ = b색   ☐ = 빨강
5/0호 코바늘

단	콧수	콧수 증감
16	6	증감 없음
15		
14		
13		
12		
11		
10		
9		
8		
7		
6		
5		
4	6	6코 줄임
3	12	증감 없음
2	12	6코 늘림
1	6	고리 안에 6코

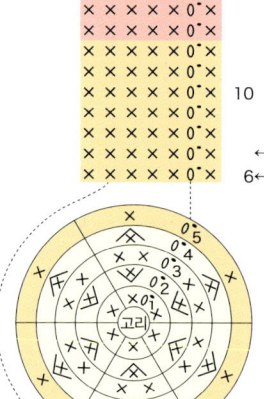

귀(2장)
☐ = a색   ☐ = b색
5/0호 코바늘
✕ = 줄기뜨기(P.90 참조)
△ = 줄기뜨기 2코 모아뜨기

단	콧수	콧수 증감
7	7	
6	14	단마다 7코 줄임
5	21	
4	28	
3	21	단마다 7코 늘림
2	14	
1	7	고리 안에 7코

★솜은 넣지 않는다

단	콧수	콧수 증감
14		
13		
12		
11		
10	8	증감 없음
9		
8		
7		
6		
5	8	4코 줄임
4	12	증감 없음
3		
2	12	6코 늘림
1	6	고리 안에 6코

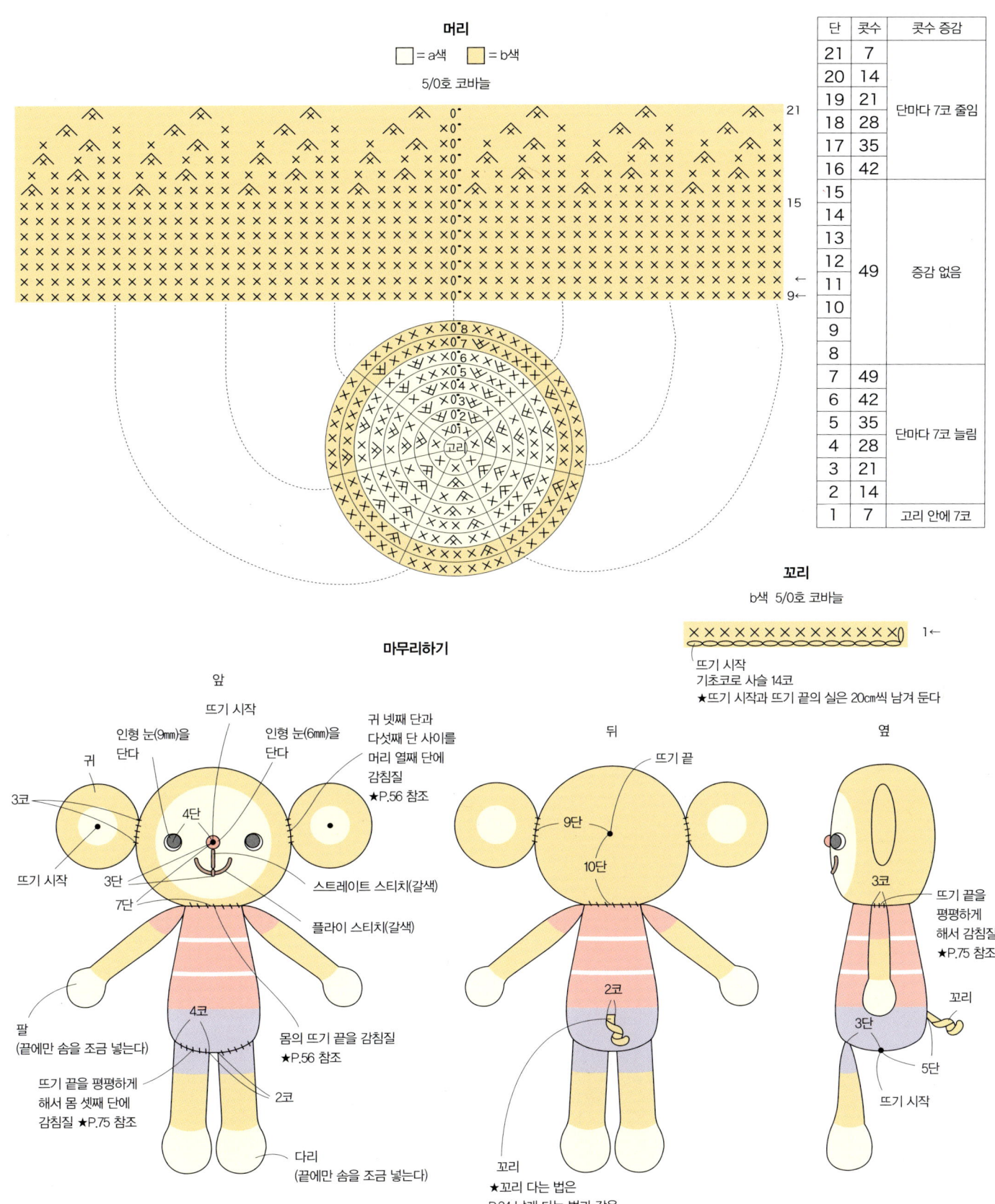

귀 다섯째 단 뜨는 법

 줄기뜨기

기둥코로 사슬 1코를 뜨고 화살표처럼 앞단 짧은뜨기의 머리 사슬 뒤쪽 1가닥에 바늘을 넣습니다.

바늘에 실을 걸고 화살표처럼 고리 한 개 안으로 끌어냅니다.

끌어낸 모습입니다. 화살표처럼 바늘에 실을 겁니다.

화살표처럼 한 번에 빼냅니다.

줄기뜨기를 1코 했습니다. 둘째 코와 셋째 코도 화살표처럼 앞단의 머리 사슬 뒤쪽 1가닥씩에 바늘을 넣어 짧은뜨기 2코 모아뜨기를 합니다.

계속해서 앞단의 머리 사슬 뒤쪽 1가닥에 바늘을 넣어 짧은뜨기와 짧은뜨기 2코 모아뜨기를 번갈아 합니다.

다섯째 단을 떴습니다. 앞단 짧은뜨기의 머리 사슬 앞쪽 1가닥이 줄기 모양으로 나타납니다.

코믹아이 다는 법

★ 코믹아이는 무빙아이(P.32)로 대체할 수 있습니다.

머리의 코믹아이 다는 자리에 송곳을 찔러서 구멍을 냅니다

송곳으로 찌른 모습입니다. 코믹아이는 다리 부분이 굵으므로 구멍을 확실하게 냅니다.

구멍이 뚫린 모습입니다.

구멍을 낸 곳에 접착제 입구를 끼우고 접착제를 적당히 넣어 줍니다.

코믹아이 다리를 끼웁니다.

코믹아이가 뜨지 않도록 꼭 눌러 줍니다.

다른 한쪽 눈도 같은 방법으로 달아 줍니다.

Lady Boutique Series No. 3490
HAJIMETE NO AMIGURUMI BOOK
Copyright ⓒ 2012 by BOUTIQUE-SHA All rights reserved.
First published in Japan in 2012 by BOUTIQUE-SHA, Tokyo
Korean translation rights arranged with BOUTIQUE-SHA
through Shinwon Agency Co., Seoul

왕초보를 위한 코바늘 인형 레시피
처음 뜨는 손뜨개 인형

초판 1쇄 2015년 1월 20일
초판 11쇄 2024년 11월 30일

지은이 | 이치카와 미유키
옮긴이 | 남궁가윤
감수 | 김지현
펴낸이 | 서인석
펴낸곳 | ㈜제우미디어
출판등록 | 제 3-429호
등록일자 | 1992년 8월 17일
주소 | 서울시 마포구 독막로 76-1 한주빌딩 5층
전화 | 02-3142-6845
팩스 | 02-3142-0075
홈페이지 | www.jeumedia.com
페이스북 | www.facebook.com/jeumedia
블로그 | blog.naver.com/jeumediablog

ISBN 978-89-5952-331-3

값은 뒤표지에 있습니다.
파본은 구입하신 서점에서 교환해 드립니다.

| 만든 사람들 |
출판사업부총괄 | 손대현
기획편집 | 윤여은
기획팀 | 전태준, 홍지영, 김혜리, 신한길, 여인우
영업 | 김영욱, 박임혜
제작 | 김금남
디자인 | 올디자인그룹
인쇄·제본 | ㈜신우디피케이, 정민제본

하마나카 아미아미 코바늘 시리즈

초보자부터 마니아까지 (그립 부착)

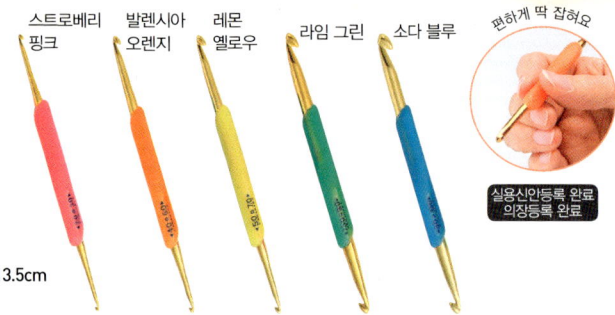

스트로베리 핑크	발렌시아 오렌지	레몬 옐로우	라임 그린	소다 블루
2/0-3/0	4/0-6/0	5/0-7/0	7.5/0-9/0	8/0-10/0

길이 13.5cm

편하게 딱 잡혀요
실용신안등록 완료
의장등록 완료

아미아미 양쪽 코바늘 라쿠라쿠

- **장시간 사용해도 편하다! 쉽게 피로해지지 않는다!**
  고무 수지로 만든 소프트 타입 그립이라서 손에 부드럽게 잡히고, 장시간 사용해도 피로해지지 않는 디자인입니다.
- **바르게 코바늘 쥐는 법을 자연스럽게 익힐 수 있다!**
  잡기 편한 특수 형태(삼각 단면)라서 초보자라도 자연스럽게 코바늘 바르게 잡는 법을 익힐 수 있습니다.
- **화려한 과일 색상!**
  바늘마다 각기 다른 과일 색상을 이용해서 보기에도 예쁘고 한눈에 호수를 알 수 있어 무척 편리합니다.
- **매끄럽고 뜨기 편해서 최고!**
  코바늘 본체는 호평을 받는 아미아미 코바늘을 그대로 채용하였습니다. 매끄럽고 뜨기 편한 형태입니다!

재질/ 그립 부분 에라스토머 수지 코바늘 부분 알루미늄

휴대하기 편리한 클리어 케이스!

아미아미 양쪽 코바늘 라쿠라쿠 핸디세트: 품번 H250-805 (라쿠라쿠 코바늘 5개 세트)

인기 최고!

아미아미 양쪽 코바늘 라쿠라쿠 핸디세트 DX 품번 H250-806 (라쿠라쿠 코바늘 5개 세트)

케이스 무늬

레이스용 코바늘, 돗바늘, 필기도구 등도 모두 수납할 수 있는 케이스!

아미아미 코바늘 시리즈

적당한 가격대라서 알뜰한 선택 — 금속제

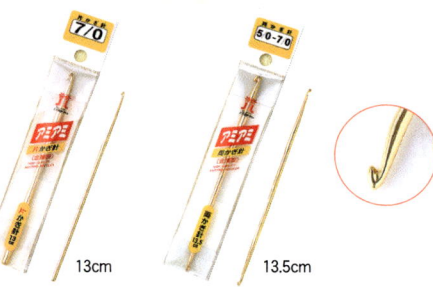

아미아미 한쪽 코바늘	아미아미 양쪽 코바늘	재질 알루미늄
13cm	13.5cm	

아미아미 한쪽 코바늘
2/0 3/0 4/0 5/0 6/0 7/0 7.5/0 8/0 10/0

아미아미 양쪽 코바늘
2/0-3/0 3/0-5/0 4/0-6/0 5/0-7/0 7.5/0-9/0 8/0-10/0

아미아미 양쪽 레이스용 코바늘 라쿠라쿠 (그립 부착)

실용신안등록 완료
의장등록 완료

- **그립이 부드러운 질감으로 만들어져서 장시간 사용해도 쉽게 피로해지지 않는다!**
- **레이스용 코바늘 바르게 쥐는 법에 가장 적합한 특수 형태!**
- **일체형 캡이 있어서 한쪽 코바늘을 사용하는 느낌!**
- **실증나지 않는 차분한 파스텔컬러!**

사용할 때는 일체형 전용 캡을 씌우세요

파스텔 퍼플	파스텔 핑크	화이트
0-2 호	4-6 호	8-10 호

길이 전용 캡을 씌웠을 때 13cm
안전 캡 딸림

재질/ 그립 부분 에라스토머 수지
레이스용 코바늘 본체 동
일체형 전용 캡&안전 캡 폴리프로필렌

하마나카 주식회사
교토 본사 616-8585 교토 시 우쿄 구 하나조노야부노시타초 2-3
도쿄 지점 103-0007 도쿄 도 주오 구 니혼바시하마초 1초메 11번 10호

하마나카 공식 홈페이지
http://www.hamanaka.co.jp
이메일 iweb@hamanaka.co.jp

손뜨개와 수예 정보 사이트
아무유즈 http://www.amuuse.jp

안심하고 안전하게 사용하기 위하여… 하마나카 수예 손뜨개실은 모두 일본제입니다.